Babelsberger Katholiken in der DDR

Babelsberger Katholiken in der DDR

Ergebnisse eines

Jugendgeschichtsprojekts in der

Pfarrei St. Antonius Potsdam-Babelsberg

Bibliografische Information der Deutschen Nationalbibliothek:
Die Deutsche Nationalbibliothek verzeichnet diese Publikation in der Deutschen Nationalbibliografie; detaillierte bibliografische Daten sind im Internet über http://dnb.dnb.de abrufbar.

herausgegeben von Thomas Marin im Auftrag der Pfarrei St. Antonius, 14482 Potsdam-Babelsberg

Herstellung und Verlag: BoD – Books on Demand, Norderstedt

© 2013 Thomas Marin

ISBN: 978-3-7322-8907-3

Inhaltsverzeichnis

- Vorwort 7
- Projektidee und –ziele 9
  - Ausgangslage 9
  - Zielsetzung 10
- Methode und Datenbasis 11
- Probleme mit der Datenbasis und Ersatzlösungen ... 13
- Erlebnisbericht eines Teilnehmers 17
- Projektverlauf 22
- Katholiken im Weltanschauungsstaat DDR 27
  - Bischöfe zum Selbstverständnis der Katholiken ... 27
  - Grundlinien der Religions- und Kirchenpolitik von SED und Staat DDR 29
  - Habt Mut und sagt Euer „Nein"! - Erfahrungen mit der Jugendweihe in St. Antonius 1953 bis 1968 31
  - Beispiele kirchlichen Engagements in der DDR 39
  - Walter Hagemann, ein zeitgeschichtlicher Sonderfall 49
  - Bestattungskultur und Menschenwürde - Ein Blick auf die christlich-katholische Tradition und ihr Echo in der Praxis der Pfarrei St. Antonius Babelsberg 55
  - Bestattung und Grabpflege: ein Werk der Barmherzigkeit 56
  - Bestattungstrends im Wandel der Zeit 58
  - Begräbniskultur in Babelsberg 61
  - Verlust an Begräbniskultur 67
  - Auswertung der erhobenen Daten 69
  - Herkunft der Babelsberger Katholiken 69
  - Eintrag im Totenregister 73
  - Grabsymbolik als Glaubenszeugnis 75
  - Berufstätigkeit Babelsberger Katholiken in der DDR 79
- Projektteam und Zeitzeugen 86

Das Projekt „Babelsberger Katholiken in der DDR" der Katholischen Pfarrgemeinde St. Antonius Potsdam-Babelsberg wurde im Rahmen des Jugendprogramms „Zeitensprünge" von der Stiftung Demokratische Jugend und dem Land Brandenburg gefördert. Wir bedanken uns für die fachliche Unterstützung bei der Beratungsstelle für lokale Jugendgeschichtsarbeit „Zeitwerk " des Landesjugendring Brandenburg e.V.

Vorwort

Die Wurzeln der katholischen Pfarrei St. Antonius Potsdam-Babelsberg reichen bis ins letzte Jahrzehnt des 19. Jahrhundert zurück. Damals sollte die Seelsorge für die Katholiken in Neuendorf und Nowawes neu geordnet werden. Das Pfarrhaus mit einer ersten Kapelle wurde 1906 in Gebrauch genommen, die heutige Kirche 1934 konsekriert. Nach dem Zweiten Weltkrieg erlebte die Pfarrei einen Wechsel von Zu- und Abnahme der Gläubigen. Heimatvertriebene aus den deutschen Ostgebieten siedelten sich im Pfarrgebiet an, ein größerer Teil dieser Gläubigen wich dem zunehmenden ideologischen und wirtschaftlichen Druck der sozialistischen Machthaber und zog in den Westen (der für Babelsberg schon an der nordöstlichen Pfarrgrenze begann) weiter.

Katholiken, die in der ab 1961 durch Mauer und Stacheldraht eingeschlossenen DDR blieben, mussten ihren Glauben mit mehr oder weniger Kompromissen leben, den ideologischen Vorgaben des „Arbeiter- und Bauernstaates" widerstehen oder sich anpassen, nicht zuletzt unter Aufgabe einer intensiveren kirchlichen Praxis. Über die Herkunft der Katholiken in der DDR, über die Auswirkungen dieser Herkunft und ihres praktizierten Christseins auf ihre Berufswahl und daraus folgende Stellung in der Gesellschaft gibt es begründete Vermutungen. Untersuchungen der Struktur einer katholischen Pfarrgemeinde unter den damaligen Bedingungen sind dagegen selten. In St. Antonius Babelsberg kommt hinzu, dass nach der Wiedervereinigung Deutschlands ein starker Zuzug von Menschen aus dem ehemaligen Westberlin und den alten Bundesländern zu verzeichnen war und ist. Auch die Pfarrei St. Antonius hat hierdurch viele Gläubige gewonnen. Mit der Verdopplung der Gläubigenzahl hat sich aber auch die soziologisch greifbare Struktur stark verändert.

Aus dem Kreis der Pfarrjugend kam daher die Anregung, in einem von Jugendlichen getragenen Projekt die in der Erinnerung älterer Gemeindeglieder, den Beständen des Pfarrarchivs und auf den Friedhöfen noch sichtbare Zusammensetzung der Pfarrei in der Zeit der DDR zu erfassen, die Daten zu sichern und den heutigen Angehörigen der Pfarrei, aber auch anderen Interessierten zur Verfügung zu stellen. Die Förderung des Projekts im Rahmen des Programms „Zeitensprünge" ermöglichte die Dokumentation in der vorliegenden Form. Ein besonderer Dank gilt aber den Jugendlichen der Pfarrei, die sich am Projekt beteiligt, die Zeitzeugen befragt und die Grabstätten früherer Gemeindeglieder aufgesucht haben, Gläubigen der Pfarrei, die sich als Zeitzeugen zur Verfügung gestellt haben und Pfarrer Matthias Patzelt für die Unterstützung, insbesondere bei der Nutzung und Auswertung von Kirchenbüchern und Archivbeständen.

Thomas Marin

Potsdam-Babelsberg, Dezember 2013

Projektidee und –ziele

Ausgangslage

Den Anstoß zum Projekt gab eine Begegnung im Rahmen der jährlichen Gräbersegnungen in der Pfarrei St. Antonius im November 2012. Wie in jedem Jahr versammelten sich Gläubige in den Tagen nach dem Gedenktag Allerseelen (2. November) auf den Friedhöfen, um der Verstorbenen der eigenen Familie und der Pfarrgemeinde zu gedenken, sie im Gebet Gott zu empfehlen und diesen geistlich verstandenen Dienst auch für Tote zu leisten, die keine Angehörigen und möglicherweise auch kein sichtbares Grab mehr haben. Nach einer gottesdienstlichen Statio im Freien wird traditionell von Grab zu Grab gezogen. Auch im Jahr 2012 wurden so die Gräber gesegnet. Dabei war festzustellen, dass eine große Zahl Gräbern Verstorbener erhalten war, die aus den 1960er und 1970er Jahren stammten. Für den Liturgen und die Ministranten waren Gespräche von Teilnehmern wahrnehmbar, in denen Erinnerungen an einzelne Personen thematisiert wurden. Am Ende der Gräbersegnung merkte ein jugendlicher Ministrant an, man müsse eigentlich mit älteren Gemeindegliedern die Friedhöfe begehen, um derartige Erinnerungen, die auch Pfarreigeschichte widerspiegeln, zu sichern. Wenige Wochen nach der Gräbersegnung erreichte die Ausschreibung des Programms „Zeitensprünge" die Pfarrei. Die Anregung des Jugendlichen wurde zum Jugendgeschichtsprojekt.

Die Pfarrei St. Antonius Potsdam-Babelsberg als die kleinere der beiden katholischen Pfarreien in Potsdam erstreckt sich über die Anteile der Stadt, die nordöstlich der Nuthe liegen. Hinzu kommt der Stahnsdorfer Ortsteil

Güterfelde. Während der DDR-Zeit war das Pfarrgebiet durch eine Mischung aus Eigenheimbebauung und klein- bis mittelstädtischer Struktur geprägt, im Bereich Güterfelde und Drewitz teilweise dörflich. Plattenbausiedlungen in Drewitz und vor allem im Wohngebiet „Am Stern" brachten Zuzüge. Gewerbe und Industrie war neben einer Reihe kleinerer Betrieben im Gebiet um die Karl-Liebknecht-Straße vor allem südlich der Großbeerenstraße (damals Ernst-Thälmann-Straße) angesiedelt, zwischen Großbeeren- und Stahnsdorfer Straße befanden sich die DEFA-Studios (heute Filmpark Babelsberg). Repräsentative Villen im Gebiet um den Griebnitzsee lagen im Grenzgebiet zu Westberlin und waren nicht frei zugänglich.

Nach dem Fall der Berliner Mauer und der Wiedervereinigung Deutschlands wurde Babelsberg zu einem attraktiven Zuzugsgebiet, bedingt durch die natur- wie großstadtnahe Lage, eine überschaubare Siedlungsdichte und einen zunehmend sanierten Altbaubestand. Für die katholische Pfarrgemeinde brachte diese Zeit ein starkes Wachstum. Neuzugezogene ergänzten die Gemeinde, während sich die Abwanderung Alteingesessener in Grenzen hielt. Mit der Durchmischung von Alt- und Neubabelsbergern veränderte sich die Zusammensetzung der Pfarrei.

Zielsetzung

Als Jugendgeschichtsprojekt stand zunächst die Beschäftigung junger Gemeindeglieder mit der Situation katholischer Christen im atheistisch geprägten Staat DDR im Allgemeinen und mit der entsprechenden Lage der Katholiken in Babelsberg im Besonderen im Vordergrund. Hierzu wurde die Begegnung mit Zeitzeugen aus der Pfarrei zum hauptsächlichen Erfahrungsfeld, wobei weniger das Erzählen aus der eigenen Biographie als die Erinnerung an verstorbene Gemeindeglieder angefragt wurde.

Die soziologische Struktur der Gemeinde in der DDR nach Herkunft und Berufstätigkeit sollte durch die Erfassung von Gemeindegliedern anhand der erhaltenen Gräber dokumentiert werden. In der Befragung der Zeitzeugen sollten die jugendlichen Projektteilnehmer Informationen zu den Einzelpersonen, wie Lebensdaten und Grabsteingestaltung, Herkunft, Beruf und kirchliches Engagement, erfassen sowie ggf. Konfliktlinien in der Auseinandersetzung mit dem Staat sichtbar machen.

Für die Jugendlichen sollte der Blick auf eine nicht selbst erlebte, für sie bereits lange zurückliegende und von den Bedingungen für persönliches christliches und kirchliches Leben her kaum vorstellbare Epoche erschlossen und im Gespräch eine Brücke zwischen den Generationen geschlagen werden.

Darüberhinaus sollte die Mitarbeit der Jugendlichen bei der Sicherung und Auswertung der Daten einen Beitrag zur religionssoziologischen Erforschung christlichen Lebens in der DDR leisten, der durch diese Form der Dokumentation an anderer Stelle nutzbar gemacht werden soll.

Methode und Datenbasis

Von der Projektidee her war die Methode der Oral History für die Arbeit der Jugendlichen maßgeblich. In mehreren Gruppen wurden die drei bedeutendsten Friedhöfe im Pfarrgebiet mit jeweils anderen Zeitzeugen begangen, die im Vorfeld anhand der Totenregister als bevorzugt von Pfarrangehörigen genutzt festgestellt wurden.

Wurde ein Grab von den Zeitzeugen als das eines Gemeindeglieds identifiziert, wurden in einem Erfassungsbogen die auf dem Grabstein erkennbaren Daten festgehalten und darüber hinausgehende Erinnerungen der Zeitzeugen notiert. Die Grabsteine wurden zusätzlich fotographisch dokumentiert.

Der Erfassungsbogen wurde in der Vorbereitungsphase im Austausch mit einem Teil der jugendlichen Teilnehmer erstellt und für jede Gruppe in ausreichender Zahl kopiert. Erfasst werden sollte die Herkunft der in der DDR-Zeit in Babelsberg lebenden Katholiken nach Geburtsregionen, die berufliche Tätigkeit, das kirchliche Engagement sowie die Gestaltung der Grabsteine mit religiöser Symbolik. Berufliche Tätigkeiten wurden in Kategorien eingeteilt, ebenso wurde das kirchliche Engagement neben der detaillierten Beschreibung auf einer Skala von 1 bis 10 eingeschätzt, wobei 10 für außerordentlichen Einsatz, 6 für regelmäßigen Besuch der Sonntagsmesse und 1 für nicht praktizierende Katholiken vergeben wurde. Die Einschätzung in dieser Kategorie oblag den interviewenden Jugendlichen. Besonders in der Kategorie 1 ist mit größeren Ungenauigkeiten zu rechnen, zumal weil hier auch die Kenntnis der Zeitzeugen oft oberflächlich war. Um konkurrierende Aussagen verschiedener Zeitzeugen gewichten zu können, wurde vorgesehen, die Beziehung des Zeitzeugen zum Verstorbenen auf einer Skala von 1 bis 10 einzuschätzen. Dies ist in der praktischen Durchführung angesichts der Vielzahl zu erfassender Informationen nur in geringem Umfang gelungen.

Die erwartungsgemäß lückenhaften Erinnerungen der Zeitzeugen zu Herkunft und Berufstätigkeit sollten anhand der Totenregister der Pfarrei überprüft und ergänzt werden.

Zum kirchlichen Engagement und dem Verhältnis zum sozialistischen Staat sollten im Einzelfall Hinterbliebene befragt werden, auf die die Zeitzeugen hinwiesen.

Probleme mit der Datenbasis und Ersatzlösungen

Im Verlauf des Projekts zeigten sich eine Reihe von Problemen bezüglich der in der Projektplanung vorgesehenen materiellen Datenbasis:

Verlust von Grabstätten zwischen Projektplanung und -durchführung

Die Befragung der Zeitzeugen sollte durch die vorhandenen Gräber der Gemeindeglieder angeregt und durch die Konfrontation mit den Grabsteinen und darauf vermerkten Namen die Erinnerung aufgefrischt werden. Während der Planung des Projekts im Winter 2012/13 war von einer großen Zahl auch älterer Gräber, vermutlich mit teilweise bereits abgelaufenen Nutzungsrechten ausgegangen worden. Durch flächendeckende Abräumarbeiten im Frühjahr 2013 – vor Beginn der Durchführungsphase des Projekts –ging insbesondere auf dem städtischen Friedhof in der Goethestraße, der bis Mitte der 1980er Jahre der am häufigsten genutzte Friedhof in der Pfarrei war, der größte Teil der Gräber von Gemeindegliedern aus der DDR-Zeit verloren.

Fotografieren untersagt

Mehrfach wurde auf dem Friedhof in der Goethestraße Gruppen die fotografische Dokumentation der Gräber untersagt und das Einholen einer Erlaubnis bei der Friedhofsverwaltung eingefordert. Erklärungen zum Zweck der Aufnahmen wurden nicht akzeptiert. Eine Überprüfung ergab, dass die Friedhofssatzung lediglich das Fotografieren zu gewerblichen Zwecken untersagt.[1] Soweit möglich wurden die Gräber beim nächsten Termin bzw. nachträglich dokumentiert und das ungerechtfertigte Verbot insofern ignoriert.

Führung der Kirchenbücher

Bei der Ergänzung der erfassten Informationen aus dem Totenregister der Pfarrei war festzustellen, dass die Genauigkeit und der Umfang der dort eingetragenen Daten über die Jahrzehnte nicht einheitlich ist. Relativ gut dokumentiert ist die Herkunft der verstorbenen Gemeindeglieder durch die Eintragung der Geburtsorte, teilweise mit Zusätzen zur Region. Es finden sich aber auch Jahrgänge, in denen keine Geburtsorte eingetragen wurden.

Noch schwieriger ist die Dokumentation der beruflichen Tätigkeit der Verstorbenen. Durchgängig für die gesamte DDR-Zeit haben wechselnde Pfarrer bzw. Sekretärinnen die Berufstätigkeit von Personen, die im Alter von mehr als 60 bzw. 65 Jahre starben, mit „Rentner" bzw. „Rentnerin" angegeben, soweit überhaupt ein Beruf eingetragen wurde. Nur im Ausnahmefall wurde der frühere Beruf zusätzlich („fr. Schlossermeister") oder mit der Ergänzung „zul. Rentner" vermerkt. Abgesehen von der Tatsache, dass der Begriff Rentner eher einen Stand als einen Beruf beschreibt, könnte eine kurzschlüssige

---

[1] Satzung für die kommunalen Friedhöfe der Landeshauptstadt Potsdam (Friedhofssatzung) vom 17.06.2009, § 5 l, <http://www.potsdam.de/cms/dokumente/10055318_169830/6 16b2b92/ Friedhofssatzung%20LHP.pdf >
[zit.: 2. Dezember 2013]

Auswertung also zu dem unsinnigen Ergebnis führen, Katholiken in der DDR seien zu 90% Rentner gewesen.

Erinnerungen an Konflikte mit dem Staat

Über ideologisch bedingte Auseinandersetzungen mit Vertretern der staatlichen Autorität, mit Lehrern oder Vorgesetzten, konnten die Zeitzeugen kaum Erinnerungen beitragen, soweit sie die Verstorbenen betrafen. Dies mag einerseits daran liegen, dass derartige Auseinandersetzungen im totalitären Staatssystem der DDR nicht öffentlich ausgetragen werden konnten und deren Bekanntwerden die Schwierigkeiten oft noch vergrößert hätte. Andererseits wurde Druck von staatlicher Seite oft subtil ausgeübt. Häufiger berichteten Zeitzeugen in diesem Bereich von eigenen Erfahrungen, oft im Zusammenhang mit der Nichtteilnahme an der Jugendweihe, der Verweigerung des Eintritts in die FDJ und der daraufhin verweigerten Zulassung zu Abitur oder Studium.

Ersatzlösungen zur Ergänzung und ihre Untauglichkeit für die Arbeit mit Jugendlichen

Die beschriebenen Probleme mit der Datenbasis entwerten zwar das Jugendgeschichtsprojekt nicht in seiner Bedeutung für die Begegnung der Generationen und den Beitrag der jugendlichen Teilnehmer für die Dokumentation der aufzufindenden Gemeindegräber. Die angestrebten Ergebnisse konnten ohne eine Ergänzung aber nicht erreicht werden. Daher wurden die Taufregister der Pfarrei herangezogen und, unabhängig von den auf den Friedhöfen registrierten Personen, die eingetragenen Berufe der katholischen Elternteile getaufter Kinder ausgewertet. Trotz auch hier lückenhafter Eintragungen konnten auf diese Weise mehr als dreimal so viele Personen in die

Betrachtung einbezogen werden, wie beim Gang über die Friedhöfe erfasst wurden. In den katholischen Taufbüchern werden neben Angaben zu Namen, Geburts- und Taufdatum, den Eltern mit deren Konfession und Beruf auch nachträgliche Eintragungen vorgenommen. Neben dem Sakrament der Firmung werden u.a. auch kirchliche Eheschließungen, ggf. deren Nichtigkeitserklärung sowie etwaige Kirchenaustritte der Täuflinge eingetragen. Alle diese Angaben sind absolut vertraulich zu handhaben und daher vollkommen ungeeignet für die Öffnung für ein Jugendgeschichtsprojekt. Die Auswertung der Taufbücher konnte daher nur durch den Projektleiter vorgenommen werden. Die anonymisierten Daten wurden im Projekt ausgewertet.

Ähnlich vertraulichen Charakter haben Aktenbestände des Pfarrarchivs, die Auseinandersetzungen um die Jugendweihe betreffen. Briefwechsel zwischen der Pfarrei bzw. dem Pfarrer und den Familien von Jugendlichen, die nach der Jugendweihe zum Sakramentenempfang zugelassen werden, wollten unterliegen zum Schutz der Privatsphäre den üblichen Sperrfristen für personengebundene Informationen. Dieser Aktenbestand wurde durch Pfarrer Matthias Patzelt zurückhaltend ausgewertet. Der daraus entstandene Artikel ist Bestandteil dieser Dokumentation. Er ersetzt die ursprünglich angestrebte Darstellung des Verhältnisses Babelsberger Katholiken zum Staat und zeigt viele Parallelen zu den Zeitzeugenberichten über dieses Problemfeld.

Erlebnisbericht eines Teilnehmers

Der Einstieg

Am 12.04.2013 ging es los. Vormittags traf ich mich mit Lukas Koallick und Thomas Marin vor dem Babelsberger Jugendkultur- und Familienzentrum „Lindenpark", wo die Auftaktveranstaltung für das Zeitensprünge-Projekt stattfand.

Im Vorhinein hatten wir freitags schon zwei, dreimal über das Projekt und den eigentlichen Denkanstoß, den Benedikt Meyer gegeben hatte, geredet und uns Gedanken gemacht.

Die Idee war, mit Senioren unserer Gemeinde über die Friedhöfe, die zur Gemeinde St. Antonius Babelsberg gehören, zu gehen und zu schauen, wer zu DDR-Zeiten zum einen Mitglied der Gemeinde war, aber zum anderen auch welchen Stand er oder sie in der Gemeinde hatte und welchen Beruf er ausübte.

Wieder zurück zur Auftaktveranstaltung: Zunächst bekamen wir nach der Anmeldung einiges an Zeug in die Hand gedrückt. Ein Ordner, einen A5 Notizblock, Kugelschreiber, zwei Reißzwecken, ein laminiertes „Potsdam"-Schild, da wir ein Gruppe aus Potsdam waren, eine Holzleiste und noch ein paar Kleinigkeiten. Die Reißzwecken, die Holzleiste und das „Potsdam" Schild haben wir zusammengebaut und hatten nun ein Schild, was wir hochhalten konnten. Hier muss man dazu sagen, dass die Holzleiste so dünn war, dass die Spitzen der Reißzwecken hinten wieder rausgeguckt haben, was aber erst auffiel, nachdem Lukas kurz draufgefasst hatte.

Jedenfalls ging es dann zu dritt und mit Schild zum Gruppenfoto, wo uns ein sehr kompetenter Praktikant ablichtete. Anschließend konnten wir uns erst mal am Essen und Trinken bedienen, was zumindest mir sehr zusagte. Dann ging die Veranstaltung los. Zunächst wurde viel auf der Bühne geredet. Es wurden alle begrüßt und es wurde geguckt, ob alle Gruppen schon anwesend waren. Außerdem wurden Unterstützer des Projekts aus der Politik vorgestellt, was ich nicht so gut fand. Keine Frage, ich finde es gut, dass politische Gruppierungen das Zeitensprünge-Projekt unterstützen und das hat auch seine Berechtigung, dass diese Gruppierungen als Unterstützer genannt werden und auch einen Vertreter zu einer solchen Veranstaltung schicken. Allerdings empfand ich das, was auf der Bühne gesagt wurde nur als „fishing for compliments".

Nach der Begrüßung ging es mit einem Musikquiz weiter, bei dem unser, im Schweiße unseres Angesichts gebasteltes, „Potsdam"-Schild zum Einsatz kam. Hier wurde dann für jede richtige Antwort ein bunter Klebepunkt auf die Rückseite unseres Schildes geklebt. Wir und drei andere Gruppen holten alle Punkte und durften uns aus einer kleinen Auswahl von begrenzt nützlichen Preisen etwas aussuchen. Lukas entschied sich für etwas vergleichbar Gutes und seitdem sind wir stolze Besitzer einer „Die Toten Hosen"-Maxi Single.

Nach dem Quiz ging es mit Workshops weiter, in denen wir den richtigen Umgang mit Zeitzeugen lernten, sodass ein Zeitzeuge sich wohl fühlt und nicht den Eindruck bekommt man wäre gelangweilt oder Ähnliches. Nach dem Mittagessen gab es noch ein Workshopeinheit und nach der Verabschiedung und dem Gruppenfoto mit allen Teilnehmern wurden die Startersets ausgeteilt.

Der Verlauf

Nach der Auftaktveranstaltung hatte ich persönlich eine Menge Lust auf das Projekt und war dann etwas enttäuscht festzustellen, dass wir bis nach den Sommerferien warten wollten, bis wir irgendwas machen. Nach den Ferien war meine Motivation schon etwas im Sand verlaufen und das Projekt kam immer noch nicht so recht in die Gänge.

Ich hatte das Projekt schon etwas aus dem Kopf, als Thomas Marin mich doch noch einmal ansprach. Daraufhin setzten wir uns mit einigen anderen zusammen und planten unser weiteres Vorgehen, da wir an dieser Stelle schon nicht mehr allzu viel Zeit hatten. Nach dem Treffen machte Thomas Termine mit den Senioren unserer Gemeinde und plötzlich fand ich mich mit Thomas Marin,

André mit Ehepaar Kroll und Frau Helmdach

Frau Helmdach und dem Ehepaar Kroll auf dem Wichgraffriedhof wieder. Dort gingen wir systematisch Reihe für Reihe ab und nahmen jeden auf, an den unsere Begleiter auch nur die kleinste Erinnerung hatten. Ich weiß gar nicht, was für Massen an Papier wir beschriftet haben, obwohl uns wirklich alle Senioren vorher immer gesagt haben, so viel wüssten sie gar nicht mehr.

Sehr beeindruckt war ich auch von der Kommunikation von zum Beispiel Frau Helmdach und Frau Kroll. Einige Male waren sehr interessante Dialoge dabei, die in etwa so abliefen:

-Nein, der Name sagt mir garnichts.
- Doch doch, war das nicht der, der….
-Meinst du den, der…..
-Ja, genau.

Mir haben die Begehungen der Friedhöfe sehr viel Spaß gemacht, auch wenn das Wetter nicht immer perfekt war. Lustigerweise haben es manche Senioren sogar geschafft, uns zum Ende der Begehungen abzuhängen, da wir noch am Schreiben waren und sie schon das nächste Grab mit einem bekannten Namen gefunden hatten.

Nachdem alle Begehungen abgeschlossen waren, ging es ans Auswerten. Hierfür haben wir Theodor Meyer angeheuert, da eine Quelle uns sagte: „Wenn ihr Statistiken braucht, geht zu Theo. Theo liebt Statistiken". Gesagt, getan. Und siehe da, wir haben wunderschöne Statistiken.

Dann ging es am Samstag, dem 15. November 2013 zum Haus der Brandenburgisch Preußischen Geschichte. Hier wurden alle Projekte in Kurzform vorgestellt. Jede Gruppe bekam einen Pappaufsteller, einen Tisch oder was man auch brauchte, um sein Projekt bestmöglich zu präsentieren. Obwohl ich diese Veranstaltung nicht als übermäßig spannend bezeichnen würde, möchte ich doch dazu sagen, dass sie mir deutlich besser als die Auftaktveranstaltung gefiel, da hier auf politische Propaganda verzichtet wurde. Außerdem konnte man sich die Projekte der anderen Teilnehmer ansehen, wo hier und da schon etwas Interessantes dabei war.

Fazit

An dieser Stelle ein Fazit über das Projekt zu ziehen fällt mir etwas schwer, da wir es ja noch nicht beendet haben. Nun ja. Fangen wir mit dem Träger an. Ich denke, dass es dieses Projekt gibt, ist eine sehr sehr gute Sache und auch, dass dieses Projekt von politischer Seite unterstützt wird ist nicht verkehrt. Allerdings würde ich mir wünschen, dass dann keine Werbung für politische Gruppierungen bei Veranstaltungen von dem Projekt gemacht wird.

Außerdem möchte ich darum bitten, dass Gimmicks wie Fahrradsattelüberzüge mit der Aufschrift: „Nazis wählen ist für'n Arsch" nicht mehr verteilt werden. Da alle in unserer Gruppe davon überzeugt waren, dass die Gesundheit unserer Fahrräder mit einem solchem Gegenstand an ihm gefährdet sei, haben wir diese kurzerhand zu absolut schicken Hüten umfunktioniert. Ich denke das entsprechende Foto davon wird im Anhang zu finden sein.

Nun zu unserer Projektumsetzung. Kurz zusammengefasst: Ich denke, unser Projektmanagement war durchaus ausbaufähig. Ich würde aber jederzeit wieder mithelfen, wenn so ein Projekt bei uns ansteht.

André Kerber

Projektverlauf

Mit der Förderzusage im Rahmen des Jugendprogramms „Zeitensprünge" im März 2013 begann die Umsetzung des hier dokumentierten Jugendgeschichtsprojekts. Als Teilnehmer waren bereits im Vorfeld Mitglieder der Pfarrjugend von St. Antonius gewonnen worden, aus deren Kreis auch der inhaltliche Anstoß für das Projekt gekommen war. Eine Kerngruppe traf sich einige Male zur Abstimmung des Projektablaufs und seiner Phasen.

In der Einführungsphase sollte ein Abend mit einem Referenten den inhaltlichen Schwerpunkt bilden, der aus eigener Erfahrung, aber auch mit hinreichender professioneller Distanz das Verhältnis von Katholischer Kirche und DDR-Staat darstellen konnte. Prälat Gerhard Lange wurde für eine solche Einführung gewonnen, die allerdings erst am 31. Mai 2013 stattfinden konnte. Lange war unter den Berliner Bischöfen Alfred Kardinal Bengsch und Joachim Kardinal Meisner mit den offiziellen Kontakten der Kirche zum Staatssekretär für Kirchenfragen der DDR beauftragt und Chefredakteur der Kirchenzeitung für den Ostteil des Bistums Berlin, „St. Hedwigsblatt". Ab 1991 leitete er die Arbeits-

Prälat Gerhard Lange

stelle für Zeitgeschichte des Bistums bzw. Erzbistums Berlin und legte mehrere Publikationen zum Thema vor.

Trotz des späten Einstiegs wurde entschieden, mit der Durchführungsphase, die vor allem in den Begehungen der Friedhöfe mit Zeitzeugen bestehen sollte, erst nach dem Einführungsvortrag zu beginnen. Durch den frühen Beginn der Sommerferien und die anstehende Organisation zweier umfangreicher Veranstaltungen mit und für den gleichen Teilnehmerkreis (die Teilnahme am Jugendfestival des Eucharistischen Kongresses in Köln Anfang Juni und die Ausrichtung des „Weltjugendtages Daheim" Ende Juli) musste der Beginn der Interviews auf das Ferienende verschoben werden. Eine anhaltende Hitzewelle, die längere Friedhofsaufenthalte mit älteren Zeitzeugen unzumutbar erscheinen ließ, führte zu weiteren Verzögerungen.

mühsame Suche nach alten Gräbern

Ende September/Anfang Oktober 2013 begingen die jugendlichen Projektteilnehmer mit insgesamt neun Zeitzeugen mehrmals die Friedhöfe an der Goethe- und Wichgrafstraße. Für den Friedhof an der Großbeerenstraße konnten zunächst keine Zeitzeugen gewonnen werden.

Hier wurde die Gräbersegnung am 2. November genutzt, um die aufgesuchten Gräber zu dokumentieren und anwesende Gemeindeglieder zu befragen. Für jede Begehung eines Friedhofs wurde eine eigene Sammlung der Erfassungsbögen angelegt, der die jeweiligen Zeitzeugen zugeordnet wurden. Bilddateien wurden auf den Erfassungsbögen vermerkt und in einer Datensammlung abgelegt.

Die in den Erfassungsbögen festgehaltenen Daten wurden für die Auswertung in Tabellendateien erfasst, wobei die jeweils mehreren Bögen zu einer Person, die in mehreren Begehungen entstanden, zusammengefasst und ggf. korrigiert wurden.

In einem nächsten Schritt wurden die tabellarisch erfassten Daten mit dem Totenregister der Pfarrei abgeglichen. Hierbei sollten neben der Frage, wie selbstverständlich der Eintrag in den Kirchenbüchern und die damit dokumentierte kirchliche Beerdigung für die als Katholiken identifizierten Personen war, Daten zur regionalen Herkunft und, soweit vermerkt, zur Berufstätigkeit ergänzt werden. Im Einzelfall wurden Lebensdaten ergänzt,

erste Sichtung der Totenregister

wo diese nicht oder unvollständig auf den Grabsteinen vermerkt waren.

Aus den Totenregistern konnten, über die ursprünglich geplante Erfassung hinaus, statistisch auswertbare Daten zur Nutzung der Babelsberger Friedhöfe durch Katholiken gewonnen werden. Zu den Hintergründen für durch katholisch geprägte Trauer- und Beerdigungstraditionen bedingte Veränderungen in der Frequentierung bestimmter Begräbnisplätze gaben die Zeitzeugen weitgehend übereinstimmende Auskünfte. Diese sind in einen eigenen Abschnitt über die katholische Begräbniskultur eingegangen.

Zeitensprünge-Projekt: Babelsberger Katholiken in der DDR   Zeitzeuge:

Erfassungsbogen verstorbene Gemeindemitglieder   Friedhof:

Beziehung zum Zeitzeugen
(1=nur dem Namen bekannt; 10=enge Beziehung):

---------------------------------   ---------------------------------
Name   Vorname

---------------------------------   ---------------------------------
Geburtsdatum   Sterbedatum

---------------------------------   ---------------------------------
Geb.-Ort/Herkunftsregion   Beruf

---------------------------------   -------------------   -------------------
Grabsymbolik (christlich?)   Grablage   Bilddatei

---------------------------------   ---------------------------------
Beziehung zum Staat   bekannte Hinterbliebene

Kirchliches Engagement
(Intensität: 1=abständig,
6=regelmäßiger Kirchgänger,
10= herausragendes Engagement)

Besonderheiten (z.B. Art des Engagements, Konfliktlinien, Gründe für Abständigkeit/verborgenes Engagement):

Vorlage des verwendeten Erfassungsbogens

Wie weiter oben beschrieben, ergänzten die Geistlichen der Pfarrei die Angaben zu Berufen und zu Konflikten mit dem Staat im Zusammenhang mit der Jugendweihe aus Kirchenbüchern und Archivbeständen, die zum Schutz der Persönlichkeitsrechte nicht im Rahmen dieses Projekts bearbeitet werden konnten. Die Ergebnisse dieser Recherchen gehen in anonymisierter Form in diese Dokumentation ein.

Für die im Rahmen der Förderauflagen obligatorische Darstellung des Projekts bei einer Projektmesse anlässlich des Jugendgeschichtstages in Potsdam am 16. November 2013 wurden Teilergebnisse präsentiert. Die letzten Ergänzungen durch Zeitzeugen, die aus gesundheitlichen Gründen nicht an den Gängen über die Friedhöfe teilnehmen konnten und die Strukturierung der Daten für die Auswertung in Zusammenarbeit der Projektleitung jeweils mit einzelnen jugendlichen Teilnehmern, zog sich bis Ende November 2013 hin.

nach getaner Arbeit

Katholiken im Weltanschauungsstaat DDR

Eine Ausführliche Würdigung des Verhältnisses der Katholischen Kirche, ihrer Bistümer und Administraturen wie der einzelnen katholischen Gläubigen, zum weltanschaulich gleichschaltend angelegten sozialistischen Staat DDR kann und soll an dieser Stelle nicht erfolgen. Eher als Schlaglicht sollen einige Zitate, vor allem der Berliner Bischöfe aus der Zeit der DDR, dieses Verhältnis illustrieren. Anschließend wird ein von Prälat Gerhard Lange vorgelegtes Schema angedeutet, das Grundlinien der Religions- und Kirchenpolitik der SED und des Staates DDR aufzeigt.

Bischöfe zum Selbstverständnis der Katholiken

„...wir leben in einem Haus, das wir nicht selbst gebaut haben und in dem wir nur die Rolle eines geduldeten Untermieters einnehmen können." Mit diesen Worten beschrieb der Koadjutorbischof von Meißen, Otto Spülbeck, beim Katholikentag 1956 in Köln die Fremdheit, die Katholiken nach der Gründung der DDR und in den zunehmenden Bestrebungen, die gesamte Gesellschaft ideologisch im Sinne der atheistischen Weltanschauung und des sogenannten dialektischen und historischen Materialismus gleichzuschalten.

Als *„Kirche unter dem Kreuz"* beschrieb Julius Kardinal Döpfner, Bischof von Berlin von 1957 bis 1961, die Lage der Katholiken. Ende der 1950er Jahre nahmen die Angriffe auf den Religionsunterricht und die kirchliche Jugendarbeit zu. Gleichzeitig nahmen Repressalien gegen Familien zu, die sich der Teilnahme an der atheistischen Jugendweihe entzogen. Gelegentlich kam es zur Strafverfolgung wegen kirchlicher Jugendarbeit oder wegen der Mitgliedschaft in kirchlichen Vereinigungen im Westteil des Bistums Berlin. Bischof Döpfner, der in Westberlin residierte, wurde ab Mai 1958 der Zugang zu den außerhalb des Berliner Stadtgebiets liegenden Pfarreien seines Bistums durch die DDR-Behörden verweigert.

Die Katholiken im Einflussbereich des SED-Regimes wurden von den Bischöfen angehalten, weder die Anpassung an das weltanschauliche und politische System, noch die offensive Konfrontation zu suchen, sofern diese nicht vom Staat aufgezwungen wurde (z.B. Jugendweihe). Statt Subversion und Konspiration empfahlen die Seelsorger im Verhältnis zum Staat das ehrliche „Spiel mit offenen Karten", auch unter Hinnahme von Nachteilen.

„Es gehört wesentlich zum Christsein, daß der Christ in die Welt gesandt ist, auch in die hiesige... Wir haben eine kirchliche Sendung, nicht erstlich eine politische... Es wird also wohl an uns liegen, die humanen Werte zu pflegen, die in einem ideologisierten atheistischen Staatsgebilde beiseite geschoben werden." Alfred Kardinal Bengsch, Bischof von Berlin von 1961 bis 1979, war bei diesen Worten selbstverständlich bewusst, dass gerade diese Pflege beiseitegeschobener Werte eine tiefgreifende politische Dimension besaß. Die Betonung der religiösen Sendung entsprach aber sowohl dem Selbstverständnis der Katholischen Kirche wie auch dem Interesse des Bischofs, die Seelsorge in der DDR nicht durch vordergründige Opposition zu gefährden.

Beim Katholikentreffen Dresden 1987 begeisterte Joachim Kardinal Meisner, Bischof von Berlin von 1980 bis Dezember 1988, die Gläubigen mit seiner Ansprache vor 100.000 Katholiken: *„Das Land zwischen Oder, Nei-*

ße und Werra ist Land Gottes, für das wir Verantwortung tragen. Und die Menschen in diesem Territorium sind Kinder Gottes, für die wir einzustehen haben. Wir bekennen uns zu unserem Weltauftrag in diesem Land nach den Worten des Psalms: ‚Auf dieses herrliche Land ist unser Los gefallen.' Wir wollen dabei keinem anderen Stern folgen als dem von Bethlehem."

Grundlinien der Religions- und Kirchenpolitik von SED und Staat DDR

Zum Verständnis und zur Einordnung des Vorgehens des weltanschaulich geprägten Staates der DDR unter Führung der SED zeigte Prälat Gerhard Lange die Grundlinien der religions- und kirchenpolitischen Maßnahmen nach den vier Kategorien Indoktrination, Integration, Differenzierung und Administrative Maßnahmen auf.

Unter dem Stichwort *Indoktrination* beschrieb Lange die Maßnahmen, mit denen die Weltanschauung des „dialektischen und historischen Materialismus" als einzige wissenschaftliche Weltanschauung verstanden und zur Stabilisierung des Sozialistischen Systems auf allen Ebenen zu vermitteln versucht wurde. Diese Betonung der eigenen Weltanschauung bezog konsequenterweise die Diffamierung anderer weltanschaulicher Modelle ein, die als wissenschaftlich nicht haltbar notwendigerweise für rückständig und fortschrittsfeindlich, mithin dem Aufbau des Sozialismus entgegenwirkend und daher als Werkzeug des ideologischen Gegners einsetzbar verworfen wurden. Die Methodik des propagandistischen Vorgehens bewegte sich, so Lange, „zwischen Holzhammer und Osmose".

Mit dem Stichwort *Integration* beschrieb Lange die staatlichen Versuche, die Kirchen in das sozialistische

System des „Arbeiter- und Bauernstaates" zu integrieren, indem z.B. an christliche Friedensbotschaft anzuknüpfen versucht wurde. Versuche, mit Instrumenten wie der „Berliner Konferenz Europäischer Katholiken" Einfluss auf die Katholiken zu gewinnen, blieben ohne größere Resonanz, trotz großzügiger Finanzierung durch die DDR und die Einbindung einiger Priester und gelegentlich sogar Bischöfe aus dem westlichen Ausland. Ein erfolgreicheres, allerdings ideologisch kaum wirksames Modell der Integration nutzte einerseits die christliche Motivation zu tätiger Nächstenliebe aus, ermöglichte andererseits aber unter der Begründung gesellschaftlicher Nützlichkeit die Erhaltung kirchlicher Einrichtungen im medizinischen und Pflegebereich.

Unter *Differenzierung* verstand Lange eine Strategie des „Teilens und Herrschens", die die Konsequenzen aus den Integrationsversuchen beinhaltete. Christen, die sich gewinnen und für die eigenen Zwecke vereinnahmen ließen, wie dies in der Berliner Konferenz oder auch im Modell der Kirche im Sozialismus der Evangelischen Kirche der Fall war, konnten mit Vergünstigungen und (begrenzten) Aufstiegschancen belohnt werden. Wer sich hingegen verweigerte, hatte mit Ausgrenzung zu rechnen, etwa durch die Verweigerung des Zugangs zum Abitur oder zum Hochschulstudium, beruflichen Abstieg, im Einzelfall bis zur Existenzvernichtung.

Die für eine solche Ausgrenzung genutzten *Administrativen Maßnahmen* richteten sich nicht nur gegen den einzelnen Christen. Auf verschiedenen Ebenen wurden dem kirchlichen Leben staatliche Schranken gesetzt. Die Administrativen Maßnahmen bestanden längst nicht nur in der weithin bekannten Überwachung durch das Ministerium für Staatssicherheit. Mittels bürokratischer Hürden wurde versucht, das Leben der Kirchengemeinden und der kirchlichen Einrichtungen in engen Bahnen einzuschließen. Diesem Zweck dienten zahlreiche Anordnungen und Durchführungsbestimmungen wie die Verordnungen zu öffentlichen Veranstaltungen, mit denen zeitweise selbst Religionsunterricht und gottesdienstliche Veranstaltungen für Anmeldepflichtig erklärt wurden. Unter dem Vorwand baulicher oder hygienischer Mängel wurden Ende der 1950er Jahre Kinderheime und Hortbetreuungen für Schulkinder geschlossen, während die Förderung Behinderter und die Sorge um Pflegebedürftige, die nicht als nützlich für den Aufbau des Sozialismus angesehen wurden, in den Händen der Kirche belassen wurde.

Habt Mut und sagt Euer „Nein"! - Erfahrungen mit der Jugendweihe in St. Antonius 1953 bis 1968

Der ideologische Kampf der kommunistischen Machthaber in unserem Land war in besonderer Weise auch ein Kampf um die Jugend. Seit 1953 wurde hierfür als Mittel auch die aus freidenkerischen Wurzeln stammende Jugendweihe eingesetzt. Sie sollte die Feier der Konfirmation und der Firmung ersetzen und verdrängen. Der Beschluss dazu kam aus Moskau.[2] Die Werbung für diesen areligiösen Initiationsritus wurde im Laufe der Jahre immer offensiver, bis dahin, dass er immer mehr die Gestalt einer Zwangsveranstaltung annahm[3]. In der Regel

---

[2] s. <http://de.wikipedia.org/wiki/Jugendweihe> [zit.: 25. November 2013]

[3] „1959 nahmen bereits rund 80 Prozent der Jugendlichen teil, später über 90 Prozent und in den letzten zehn Jahren der DDR etwa 97 Prozent der 14-Jährigen." (Andreas Fincke, Jugendweihe: Ideologische Keule gegen die Kirchen, in <http://www2.evangelisch.de/themen/gesellschaft/jugendweihe-ideologische-keule-gegen-die-kirchen40697> [zit.: 25. November 2013].

wurde Schülern, die sich der Jugendweihe verweigerten, der Weg zu weiterführenden Schulen und Hochschulen verwehrt. Auch auf die Eltern wurde Druck ausgeübt, wie ich es selbst erlebt habe.

Die immer massivere Durchsetzung der Jugendweihe und damit der Druck auf die Jugendlichen zu einem Bekenntnis zum dialektischen Marxismus blieb von Seiten unserer Bischöfe nicht unbeantwortet und wirkte sich auch auf das Leben unserer Gemeinde aus, wie eine Sammlung von Dokumenten aus den 50er und 60er Jahren in unserem Pfarrarchiv zeigt. Schon nach den ersten Werbemaßnahmen für die Jugendweihe richtete Bischof Weskamm am 3. Adventssonntag 1954 ein ernstes Hirtenwort an die Gemeinden, in dem es heißt: *„Die jetzt geplanten „Jugendweihen" können für einen katholischen Christen niemals in Frage kommen; sie haben als Grundlage eine materialistische Weltanschauung und wollen die Belehrung im materialistischen Geiste, die die religionslose Schule begonnen hat, fortsetzen und mit einer Feier krönen.[...] Ihr Jungen und Mädchen, die Ihr nun aus der Schule kommt, Ihr seid Euch alle darüber klar, daß Ihr Christen seid – gerade so wie Eure Väter und Eure Vorfahren. – Ihr habt Euch schon Gott dem Herrn geweiht. Ihr seid ja Kinder Gottes durch die hl. Taufe; Ihr vergesst nie den Tag Eurer ersten hl. Kommunion; und habt Ihr nicht vor dem Bischof gekniet, daß er Euch die Hand auflege und Euch salbe zu hl. Firmung? Da haben wir die katholische Jugendweihe gehabt – und sie gilt in alle Ewigkeit. Nun habt Mut und sagt Euer „Nein", wenn man Euch zu einer anderen Jugendweihe holen will. Ihr braucht nicht viel zu reden, sagt nur Euer klares „Nein" – und betet um Kraft, daß Ihr Euren christkatholischen Weg geht – wenn es sein müßte, auch allein; G o t t lässt Euch nicht allein!"*.

Welche Initiativen außer den Kanzelworten gab es damals in unserer Gemeinde gegen die Werbung für die Jugendweihe?

1) In einem Begleitschreiben zu seinem Hirtenbrief erklärte der Bischof zunächst einen „lebens- und gegenwartsnahen **Schulentlassunterricht** zur Gewissenspflicht der Seelsorger und Katecheten. Diesen Unterricht muss es bei uns seit Sommer 1954 gegeben haben.[4] Er betraf die Schüler der achten Klasse und schloss mit einer kirchlichen Schulentlassfeier zum Ende des Schuljahres.

2) Eine weitere Maßnahme gegen die Jugendweihe waren **Firmerneuerungsfeiern**[5], von deren Durchführung in St. Antonius wenigstens für die Zeit von 1955 bis 1965 auszugehen ist[6].

3) Von der Karwoche 1955 und dem 12. April 1957 (jeweils 26 Teilnehmer) sind **Einkehrtage** für die Achtklässler belegt.

4) Vom September 1957 ist uns von Kaplan Erwin Probst ein **Brief an die Eltern** von Schülern der achten Klasse erhalten, in dem er eindringlich vor der Teilnahme an der Jugendweihe warnt.

5) Zudem wurden die Seelsorger angehalten, bei Familien mit Kindern im betreffenden Alter persönlich **Hausbesuche** zu machen und über die Jugendweihe aufzuklären.[7]

---

[4] Eine vom Berliner Ordinariat herausgegebene Skizze für sieben Stunden Schulentlassunterricht zeigt, dass die dort behandelten Themen (Weltanschauung, Gottesbild, Leben mit Gott und der Kirche) später ihren Ort in der Firmvorbereitung gefunden haben werden.
[5] s. Richtlinien für die Behandlung der durch die Jugendweihe erwachsenden seelsorglichen Aufgaben (Beilage zum Amtsblatt des Bischöflichen Ordinariates Berlin vom 1. Februar 1955), Nr. 8.
[6] Belegt sind die Firmerneuerungsfeiern für die Jahre 1955 (20 Teilnehmer), 1956 und 1965 (20 Teilnehmer).
[7] s.Richtlinien von 1955 a.a.O. Nr. 2.

6) Schon 1955 wurden für die Teilnahme an der Jugendweihe kirchliche **Sanktionen** erlassen: Eine Kanzelverkündigung vom 6. März[8] betonte, dass die Jugendweihe ein feierliches Bekenntnis zur materialistischen Weltanschauung und damit eine Verleugnung des Glaubens darstelle. Eltern, welche ihre Kinder der Jugendweihe zuführten, Helfer bei der Vorbereitung der Jugendweihe und schließlich die jugendlichen Teilnehmer selbst wurden von der Zulassung zu den Sakramenten ausgeschlossen, bis sie ihre Reue darüber durch eine schriftliche Erklärung vor dem Seelsorger und zwei Zeugen kundgetan hätten. Im Archiv von St. Antonius liegen solche Erklärungen lediglich aus den Jahren 1964 bis 1968 vor.

Am 23. Oktober 1955 wurde mit gleicher Grundrichtung wie in den vorhergehenden Hirtenschreiben eine flammende Erklärung der Bischöfe im Bereich der DDR verlesen, sodass die Gemeinde binnen eines Jahres drei Kanzelworte mit einer klaren Ablehnung der Jugendweihe zu hören bekam.

In den ersten zwei Jahren der Propaganda für die Jugendweihe nahmen der Bischof und die Seelsorger in den Gemeinden entschlossen den Kampf auf: Sie klärten die Jugendlichen und die Eltern auf, ermutigten sie zum christlichen Bekenntnis und scheuten auch die Mittel des kirchlichen Strafrechtes nicht. Pfr. Sowa erläuterte in einem Erfahrungsbericht vom 30. Juni 1955: *„Die Werbemassnahmen der Schule für die Jugendweihe hatten bei den Jugendlichen wenig Erfolg; aber nicht immer war die Ursache dafür die innere Überzeugung der Kinder, sondern manchmal mehr der Oppositionsgeist."* Lediglich ein Junge hätte in diesem Jahr an der Jugendweihe teilgenommen, (sonst läge der Prozentsatz der Schüler, die zur Jugendweihe gingen, bei 5 bis 10 %,) aber es *„werden schon jetzt Kinder des kommenden Jahrganges für die*

---

[8] Ebd. Nr. 9.

Teilnahme an der Jugendweihe bearbeitet. So wird auch bei uns schon jetzt die Aufklärung und Abwehr einsetzen müssen."

Im Jahre 1957 wurde der Ton von Seiten der Regierung heftiger. Bei der Eröffnung der staatlich verordneten Jugendstunden für die Vorbereitung auf die Jugendweihe 1958 erklärte Walter Ulbricht den christlichen Schöpfungsglauben als Hirngespinst und setzte der SED und den Massenorganisationen das Ziel, alle Jugendlichen für die Jugendweihe zu gewinnen, gleichgültig, „in welcher Weltanschauung sie b i s h e r erzogen wurden."[9] Die Werbung für die Jugendweihe setzte nun schon bei den Eltern der Erstklässler ein. Auch insgesamt kam es zu einer schärferen Kirchenpolitik. Das zeigt sich in Babelsberg z. B. in der Verfügung einer Geldstrafe gegen die ehrenamtliche Religionslehrerin Christine Hagespiel. Sie hatte in ihrer Drewitzer Privatwohnung ohne amtliche Anmeldung Religionsunterricht für fünf bis acht Grundschüler gehalten. Erst auf den Einspruch von Pfr. Sowa hin wurde die Verfügung aufgehoben.

Mit dem Datum des 1. Juli 1958 findet sich ein Bericht des Pfarrers, der vielleicht die allgemeine Stimmung in den öffentlichen Bildungseinrichtungen wiedergeben kann: *„Frau H. berichtete mir: Ihr Sohn besucht die hiesige Beethovenschule 18 Klasse 1a. Für Mittwoch, den 25. Juni, war von der Klassenlehrerin Sch. eine Elternversammlung einberufen, während der vor allem Agitation für die Meldung der Kinder zur Jugendweihe betrieben wurde. Auch einige Väter der Kinder, darunter ein Staatsanwalt S., beteiligten sich lebhaft daran, und zwar natürlich dafür. Dieser z. B. berichtete von einem Gespräch, das sich kurz vorher in der Wohnung der Frau H. in Verbindung mit dem Kreuz an der Wand zwischen ihr,*

---

[9] Petrusblatt. Katholisches Kirchenblatt für das Bistum Berlin Nr. 41/13 (1957), 3.

ihrem kleinen Sohn und dem ebenfalls 7jährigen Sohn des Herrn S. entwickelt hatte. Der Aberglaube von dem alten Mann mit dem langen weissen Bart und von der Erschaffung der Welt in 6 Tagen müsse aufhören. Weitere Einzelheiten habe ich nicht erfahren können. Lehrerin Sch. ging dann mit einer Liste herum, und sammelte Unterschriften für die Beteiligung der Kinder dieser Klasse 1a. Schon jetzt müsste die Jugendweihe vorbereitet werden, denn sonst gehen dann die Kinder im 8. Schuljahr zur Konfirmation und nur des Vorteils wegen auch zur Jugendweihe. Bei Frau H., die die Unterschrift verweigerte, sagte die Lehrerin, hier sei der Fall besonders schwierig, denn Frau H. ist katholisch. Unter anderem wurde auch betont, die Kinder müssten als freie Menschen erzogen werden, nicht wie die Gottgläubigen, die sich überall von ihrem Gott beobachtet fühlten und daher unfrei sind.

Es wird jetzt ein Generalangriff für die Jugendweihe gestartet, vor allem werden jetzt schon die Kinder des kommenden letzten Schuljahres dafür geworben, wobei sich das schlechte Beispiel einiger weniger des letzten Schuljahres sehr ungünstig auswirkt".

Im jährlich beim Ordinariat abzugebenden Bericht zum Thema Jugendweihe erklärte Pfarrer Sowa, dass 1958 von 35 Kindern 4 zur Jugendweihe gingen, während es sonst je nach Schule 25 bis 45 % der Schüler seien.

Die Bischöfe der Berliner Ordinarienkonferenz antworteten auf die verschärfte Lage wieder mit unzweideutigen Kanzelworten: am 27. Oktober 1957 in einem „Hirtenwort zu Schule und Erziehung in unseren Tagen" und am 4. Mai 1958 in einem Hirtenwort, in dem sie sich ausdrücklich zum Anwalt der christlichen Kinder, Jugendlichen und Eltern machten, die verschärften Bedingungen beklagten und die Gläubigen zur Gewissenstreue aufforderten. Und im Fastenhirtenbrief von 1959 „Kirche unter dem Kreuz" heißt es: *„Besonders der Druck zur Teilnah-*

me an der Jugendweihe ist in unerträglicher Weise gewachsen. In den letzten Jahren wollte man manchmal den christlichen Eltern glaubhaft machen, dass die Jugendweihe mit religiöser Überzeugung vereinbar sei. Doch die Äusserungen maßgeblicher Persönlichkeiten, der Lehrplan der Vorbereitungsstunden und gerade auch die Einordnung der Jugendweihe in die [...] sozialistischen Feiern erweisen unwiderleglich, dass die Jugendweihe ein Bekenntnis und Gelöbnis zum atheistischen Materialismus sein will."*

Pastorale Anweisungen des Berliner Ordinariats vom 24. November 1958 regelten nun detaillierter den Umgang mit Kindern, die zur Jugendweihe angemeldet sind, die an den Vorbereitungsstunden bzw. an der Jugendweihe selbst teilnehmen. Dabei wurde nach erfolgter Jugendweihe eine Bewährungsfrist von einem halben Jahr empfohlen, bis ein Schüler die hl. Kommunion und die Firmung empfangen könne.

1959 gingen in Babelsberg von 24 Schülern elf zur Jugendweihe, 1960 von 21 Schülern nur drei, 1961 war es einer von zehn Schülern. Aus den Berichten von Pfarrer Sowa geht hervor, dass die Wahrscheinlichkeit der Teilnahme an der Jugendweihe mit der kirchlichen Abständigkeit größer wurde.

Auch 1960 ließen die Bischöfe in ihrem Fastenhirtenbrief mit dem Thema „Der Christ in atheistischer Umwelt" die Jugendweihe nicht unerwähnt: *„Kein katholischer Christ kann die sozialistische Namensgebung, die sozialistische Jugendweihe, die sozialistische Trauung, die sozialistische Beerdigung oder ähnliche antikirchliche Feiern vollziehen, ohne seinen heiligen Glauben zu verleugnen."*

Aus den folgenden Jahren lassen sich im Pfarrarchiv kaum noch Hinweise auf die Jugendweihethematik finden. Es blieb bis 1989 für Schüler und Eltern eine Gewissensentscheidung, ob sie sich dem schulischen Druck beugen oder widerstehen sollten. Manchen fiel diese Entscheidung schwer, für manche aber stand ein Bekenntnis zum Atheismus von vornherein nicht zur Debatte, was die Treue zum Glauben und zur Kirche in gewisser Weise wieder leicht machte. Von zu erwartenden Nachteilen in Schule, Berufswahl und in den Studienmöglichkeiten konnte man dann aber immer ausgehen.

Die Ideologien kommen und gehen. Nur aus einem lebendigen Glauben und der Treue zur Kirche werden wir in unseren Tagen erkennen, wo es für heißt: „Habt Mut und sagt Euer „Nein"!

Vom 17. Oktober 1966 liegt noch das mutige Schreiben einer Mutter an den Schuldirektor vor, mit dem ich diesen Bericht schließen möchte: *„Sehr geehrter Herr L.! Hiermit ziehen wir den Antrag auf Erteilung der Jugendweihe für unsere Tochter B. zurück. B. ist und bleibt katholisch und ich bleibe in dieser Hinsicht konsequent. Mein Mann hat seiner Zeit den Antrag aus beruflichen Ueberlegungen gestellt. Sie kennen B. sehr gut und wissen, dass sie fleissig, ehrlich und strebsam ist und stets offen ihre Ansichten vertritt. Ich bin der Meinung, dass dem Staat mit solchen Menschen mehr gedient ist als mit Heuchlern, die nur ein Lippenbekenntnis ablegen. Ich habe das Vertrauen, dass Sie trotzdem zu Ihrem Wort stehen und B. zur EOS [Erweiterte Oberschule; 11 und 12 Klasse] delegieren. Bitte geben Sie B. recht bald den gestellten Antrag zurück. Hochachtungsvoll..."*

Pfr. Matthias Patzelt

Beispiele kirchlichen Engagements in der DDR

Vor der statistischen Auswertung der im Projekt erfassten Daten sollen einige Beispiele von Katholiken stehen, deren Geschichte und Glaubenszeugnis wir in diesem Projekt begegnet sind. Soweit möglich, stützen sich die kurzen Beschreibungen auf mehr als eine Zeitzeugenaussage und wurden, soweit vorhanden, mit schriftlichen Belegen abgeglichen. Dennoch können und sollen hier keine Biographien stehen. Vielmehr sind es Schlaglichter, die Persönlichkeiten beleuchten, deren Leben in der DDR durch ihr Christsein geprägt war und die mit ihrem, manchmal ganz unspektakulären, Engagement auch die Pfarrei St. Antonius prägten.

Paul Krause, rechts Siegfried Berndt

„Da gab es einen Küster Krause", begann ein Zeitzeuge seinen Bericht. **Paul Krause**, aus Schlesien stammend, aber schon vor dem Zweiten Weltkrieg nach Potsdam gekommen, war von Beruf Schlossermeister und arbeitete bei der Reichsbahn. Aus einer tiefen, schlesisch geprägten Frömmigkeit heraus gestaltete er nicht nur das Leben seiner Familie, in der für Kinder und Enkel etwa eine Teilnahme an der Jugendweihe nicht in Frage kam. Paul Krause war von der Kirche so angezogen, dass er umfangreiche Aufgaben rund um die Kirche übernahm und zu einer festen Größe in der Pfarrei wurde. Ohne jemals Funktionen, wie etwa sein Schwiegersohn **Otto Mehlmann** im Kirchenvorstand, zu übernehmen oder ein Anstellungsverhältnis einzugehen, war er „der Küster Krause". Dabei gab es diese Position offiziell überhaupt nicht. Die damals in Babelsberg lebenden Marienschwestern hatten verschiedene Aufgaben übernommen. Schwester Fructuosa war für die Sakristei zuständig. Während sich die Schwester um Gewänder, Altargerät und Kelchwäsche kümmerte, übernahm Paul Krause spätestens ab 1957 tatkräftig alle „Männerarbeit". Vom Aufstellen des Adventskranzes bis zu den Fronleichnamsaltären übernahm er alle handfesten Tätigkeiten. Während des Winters übernahm er allein die Kirchenheizung, eine Aufgabe, für die nach seinem Tod eine ganze Heizergruppe gegründet wurde. Alte Fotos zeigen seine Identifikation mit der Katholischen Kirche, wenn er in betont würdiger Körperhaltung in Küstertalar und Spitzenrochette die Ministranten anführte, „ein halber Pfarrer", wie seine Enkelin ihn beschreibt, der aber wohl auch energisch für Ordnung sorgen konnte, wenn er die Würde des Gotteshauses angetastet wähnte. Im August 1970 starb Paul Krause und wurde auf dem Friedhof an der Großbeerenstraße beigesetzt. Sein Grab konnte fotografiert werden, ist aber bereits für die Einebnung markiert.

Zur gleichen Zeit wie Küster Krause gehörte **Georg Kaczmarek** zu den prägenden Persönlichkeiten der Pfarrei. Als langjähriger Rendant und stellvertretender Vorsitzender des Kirchenvorstands – beide Funktionen übte er bis zu seinem Tod im Dezember 1968 aus – gehörte er ohnehin zu den Aktiven in der Pfarrei. Zwei Umstände ließen ihn aber zusätzlich zum häufig angefragten Helfer und Ratgeber der Pfarrer Wilhelm Sowa (bis 1962) und Alois Wagner (1962 bis 1981 in Babelsberg) werden. Familie Kaczmarek wohnte in Sicht- und Rufweite des Pfarrhauses gegenüber der Kirche. Für die Rufweite bei geschlossenen Fenstern sorgte der besondere Luxus eines Telefons. Für Privathaushalte war dies ein seltener Luxus, der bei Georg Kaczmarek allerdings nicht auf Nähe zum sozialistischen Staat beruhte, sondern auf der schon 1938 über die Siedlungsgesellschaft gagfa (Gemeinnützige Aktiengesellschaft für Angestelltenheimstätten) beantragten Leitung. Der ehemalige Prokurist eines kleinen Wirtschaftsverlags aus dem Rheinland und unter DDR-Verhältnissen beim staatlichen Versorgungskontor Papier Beschäftige war damit bevorzugtes „Opfer" der Seelsorger in allen pfarrlichen Notlagen.

Georg Kaczmarek,
Rendant und Kirchenvorsteher

Ärger in der Familie wird es wegen der ehrenamtlichen Einsätze selten gegeben haben, war doch Ehefrau **Hedwig Kaczmarek** kaum weniger engagiert. Gemeinsam mit der aus dem oberschlesischen Gleiwitz stammenden **Hedwig Paczek** leitete sie die Arbeit der Elisabethkonferenz und gehörte damit neben den Ordensschwestern und der Vinzenzkonferenz zu den Trägern karitativer Initiativen der Pfarrei. Trotz Familie und ihrer Berufstä-

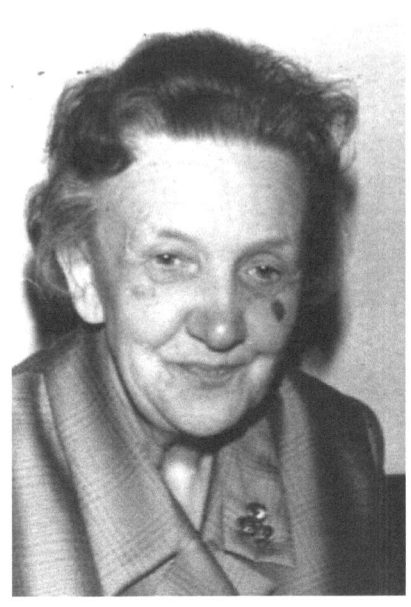

Hedwig Kaczmarek

tigkeit als Buchhalterin bei Elektrola, dem späteren VEB Deutsche Schallplatten, koordinierte sie die Sorge um Bedürftige und Alte. Wie in anderen Pfarreien auch, war die Arbeit der Elisabethkonferenz vom Zusammenhalt und dem Engagement vieler Frauen getragen, von denen ein großer Teil noch heute lebt und bei der Würdigung der Damen Kaczmarek und Paczek mit bedacht werden müssen. Zu den prägenden Initiativen der Gruppe, die für den Zusammenhalt und das Engagement bestimmend wurden, war die Versorgung der Kinder während der Sommerferien in den unmittelbaren Nachkriegsjahren. Bis zu 80 Schulkinder wurden nicht nur betreut, sondern auch verpflegt. Unter heute unvorstellbaren Bedingungen kochten vier bis sechs Frauen in der kleinen Küche vor der Kaplanswohnung im Hochparterre des Pfarrhauses (heute Caritas-Beratungsstelle) täglich eine warme Mahlzeit und kleine Zwischenmahlzeiten für die Kinder, die zuhause in diesen Jahren Hunger litten. Die Lebensmittel kamen aus dem amerikanischen Sektor von Care und der internationalen Caritas. Mit Rucksack und Handwagen holten die Frauen um Hedwig Kaczmarek und Hedwig Paczek die Lebensmittel aus Wannsee. Unterstützt wurden sie vom damaligen Pfarrsekretär **Paul**

Moczigemba (der dafür bekannt war, auch die von Pfarrer Sowa für die Fronleichnamsaltäre gewünschten Birken zu „besorgen") und gelegentlich von den Kaplänen. Fronleichnamsaltäre waren über Jahre ein weiteres Feld der Elisabethfrauen: Wenn unter Leitung von Küster Krause und seinen Nachfolgern die Altarkonstruktionen errichtet waren, übernahmen die Frauen den festlichen Schmuck der Prozessionsaltäre.

Das männliche Gegenstück zu den Elisabethfrauen, die Vinzenzkonferenz, war fast 50 Jahre mit dem Namen **Georg Pospich** verbunden. Gemeinsam mit dem drei Jahre älteren **Siegfried Berndt** findet sich Pospichs Name nicht nur in der unmittelbaren karitativen Arbeit der Pfarrei. Mehrmals war Georg Pospich Wahlvorstand bei Gremienwahlen, Siegfried Berndt auch Mitglied des Pfarrgemeinderats. Ihre erste Begegnung mit Georg Pospich beschrieb eine der Zeitzeuginnen und lieferte damit ein typisches Beispiel dafür, wie Katholiken einander erkennen konnten, wozu allerdings bei aller Zurückhaltung eine

Georg Pospich

grundsätzliche Bereitschaft zum Glaubenszeugnis erforderlich war. Für ihre Arbeit in der staatlichen Apothekenverwaltung wurde Papier für den Druck von Informationen benötigt, das über die zuständige Materialverwaltung beantragt werden musste. Der Name Pospich sei ihr bekannt, sprach die Zeitzeugin den Sachbearbeiter im sogenannten Bürohochhaus in Rehbrücke an. „So? Woher denn?" „Wo ich herkomme gab es mal einen Kaplan Pospich, der wurde später Pfarrer in Pirna." Das vorsichtige Bekenntnis hatte sich gelohnt, denn Georg Pospich antwortete: „So, dann sind wir wohl beide katholisch." Für beide überraschend war die Zugehörigkeit zur gleichen Kirchengemeinde, in der sich die beiden regen Gottesdienstbesucher zuvor noch nicht wahrgenommen hatten.

Zum Ende der DDR-Zeit und, soweit die Gesundheit dies ermöglichte, bis kurz vor seinem Tod mit 93 Jahren am Nikolaustag 2008, war **Richard Prasse** der gute Geist des Kirchengrundstücks. Als Elektriker in allen praktischen Dingen versiert und als Kommunionhelfer und Fo-

Richard Prasse im Gespräch mit Weihbischof Wolfgang Weider
beim Pfarrjubiläum 2006

kolare-Mitglied geistlich geprägt, wirkte er in der Sakristei und auf dem Gelände, oft im Verborgenen. Viele erinnern sich an den kleinen Mann mit dem offenen Ohr für viele kleine Nöte und dem besonderen Herzen für Kinder und Jugend. Viele Jugendliche ermutigte er mit seinem am Ende so manchen Gesprächs gerufenen „Jugend voran!"

Für viele gut in Erinnerung ist die 2007 verstorbene **Regina Steinborn**. Als Blinde war sie durch ihren weißen Stock erkennbar, aber auch durch den Stapel selbstgehefteter Liederbücher in Blindenschrift, die ihr die Mitfeier der Gottesdienste an allen Sonntagen und häufig auch an Werktagen ermöglichten. Über die Grenzen der Pfarrei hinaus engagierte sie sich dafür, dass anderen blinden Katholiken das „Gotteslob" auf diese Weise erschlossen und entsprechende Versionen ihres eigenen Gesangbuchs verfügbar gemacht wurden. Regina Steinborn gab sich aber nicht mit dem Einsatz für ihre ureigenen Belange zufrieden. Während sie selbst dankbar das Angebot von Gemeindegliedern nutzte, im Auto mit zur Kirche genommen zu werden, packte sie nach ihren – oft erstaunlichen – Möglichkeiten mit zu.

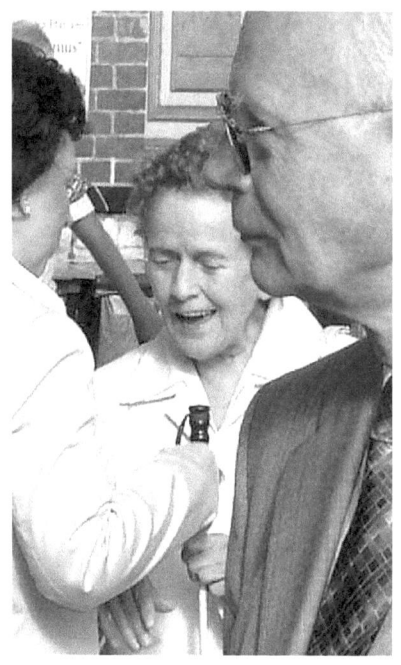

Regina Steinborn
(vorn Prof. Dr. Hans-Joachim Meyer)

Selbst den Einsatz als Pfarrköchin für Pfarrer Konrad Beißel leistete sie souverän. Lange nach dem Ende der DDR beeindruckte sie im Sommer 2005 noch einmal, indem sie weißrussische Gäste des Kölner Weltjugendtages in ihrer Wohnung aufnahm und beköstigte.

Engagement für die Pfarrei nahm viele unterschiedliche Formen an, vom schlichten Mitfeiern der Gottesdienste über gelegentliche praktische Mithilfe bis hin zu den großen und kleinen Spenden für die Anliegen der Pfarrei und die Ausstattung von Kirche und Pfarrgrundstück. Stellvertretend für viele, oft im Verborgenen wirkende „Wohltäter der Pfarrei" seien der 1980 verstorbene Brunnenbaumeister **Paul Milsch**, dessen Familie von der Gründungszeit an und bis heute zu den aktivsten der Pfarrei zählt, und der Busunternehmer **Josef Schipka**. Selbständigkeit unter den wirtschaftlichen Bedingungen der DDR hatte mit vielen Hürden, nicht zuletzt durch eine extreme Besteuerung der Einkünfte, zu kämpfen. Dennoch war in der traditionellen kleinstädtischen Struktur Babelsbergs, wie ein Gang über den Friedhof in der Wichgrafstraße schnell erkennen lässt, ein erstaunlich hoher Anteil von Selbständigen erhalten geblieben. Wie mancher der Katholiken aus dieser Gruppe nutzte auch Schipka die trotz aller Schwierigkeiten aus der Selbständigkeit erwachsenden Freiräume, um die Pfarrei zu unterstützen. Neben großzügigen Spenden, etwa für die Orgel oder in Form eines Marienbildes, das heute den Konferenzraum der Pfarrei schmückt, lösten er und der Fuhrunternehmer Otto Mehlmann manches Transportproblem für die Pfarrei. Schipkas repräsentativer Grabstein gehört zu den besonders traurigen Verlusten des Jahres 2013 in der Goethestraße.

Durch die Handwerker der Pfarrei wurden viele Projekte möglich, die in der reglementierten Planwirtschaft sonst kaum realisierbar gewesen wären. So erneuerte die

Terrazzolegerfamilie **Petrucco** den Fußboden im Altarraum, während Tischlermeister **Gerhard Wünsch** den Pfarrsaal ausbaute und das Kanzelkreuz reparierte und Malermeister **Heribert Zakrzewski** nicht nur einmal „vergaß", umfangreiche Malerleistungen in Rechnung zu stellen. Teppichfachmann **Johannes Hozak** webte einen Teppich für den Altarraum. Sein Vater, seinerzeit noch mit eigener Teppichfabrik, hatte in den 1930er Jahren dasselbe für den Altarraum der Tochtergemeinde St. Michael in Wannsee getan. Noch bedeutender war Johannes Hozaks Engagement als weitgehend ehrenamtlicher Kirchenmusiker, der über Jahre hinweg an jedem Sonntag in drei Heiligen Messen und einer Andacht die Orgel spielte und auch an Werktagen im Einsatz war. Die beruflichen Fähigkeiten des Friseurmeisters **Otto Föstl** waren für die Pfarrei nicht unmittelbar einsetzbar. Mit süddeutschem Charme und dem Spruch „Hab die Ehr'" wurde er als Kollektant dennoch zum Original.

Johannes Hozak (li.), langjähriger Organist, im Gespräch mit Pfarrer Alois Wagner

Die Reihe engagierter Gemeindeglieder ließe sich über viele Seiten fortsetzen, von denen die praktisch oder mit finanziellen Mitteln ihren Beitrag leisteten bis hin zu den Vielen, die in ihrem Umfeld und durch die Erziehung ihrer Kinder Zeugnis für ihre Glaubensüberzeugung ablegten. Dabei musste selbstverständlich jeder Katholik seinen Weg zwischen geistiger Opposition und der Mitwirkung in der Gesellschaft finden. Auffallend sind die Auswirkungen kirchlicher Praxis auf die Berufswahl. Nur im Ausnahmefall wurde ein ausdrücklich kirchlicher Beruf gewählt, wie beim Sohn Bernhard des Ehepaares **Cäcilie und Gerhard Ollmert**, der 1978 zum Priester geweiht wurde. Durch staatliche Beschränkungen waren den kirchlichen Ausbildungsgängen und Einsatzgebieten enge Grenzen gesetzt. Eine große Zahl Gläubiger, besonders unter den jungen Frauen, entschied sich aber für einen medizinischen Beruf, wie weiter unten gezeigt wird.

Cäcilie und Gerhard Ollmert
mit ihrem Sohn Bernhard als Neupriester

Eher verborgene Zugehörigkeit zur Pfarrei, die sich im persönlichen Umfeld nicht ausdrücklich bekannte, konnte gelegentlich zu Überraschungen bei Nachbarn und Kollegen führen. So berichtete ein Zeitzeuge von der Beerdigung seines Vaters Ende der 1970er Jahre. Als Historiker gehörte er zu den wenigen Geisteswissenschaftlern in der Pfarrei, nicht aber zu den regelmäßig praktizierenden Katholiken. Zur Beerdigung des mit nur 55 Jahren Verstorbenen kamen nun aus dem Kollegenkreis auch diverse Militärhistoriker in der Offiziersuniform der Nationalen Volksarmee, die reichlich überrascht waren, einen katholischen Priester in vollem Ornat nebst Ministranten bei einem katholischen Begräbnis vorzufinden.

Walter Hagemann, ein zeitgeschichtlicher Sonderfall

Auf einen ausgesprochenen Spezialfall eines Katholiken in der DDR wurden wir im Rahmen des Projekts eher zufällig aufmerksam. Auch wenn dieser in der Pfarrei nicht äußerlich wirksam wurde, soll hier doch kurz auf ihn aufmerksam gemacht werden. Beim Gang über den Friedhof an der Goethestraße fiel ein efeubewachsener Grabstein ins Auge. Neben dem Hinweis, es handle sich um einen Universitätsprofessor, regte die Inschrift „dona nobis pacem" zur Recherche an. Walter Hagemann, der hier 1964 seine Ruhestätte gefunden hat, lebte erst seit 1961 in Babelsberg, nachdem er – anders als ein nicht geringer Teil der Katholiken aus Ostberlin und der DDR – nicht vom Osten in den Westen geflohen war, sondern die umgekehrte Richtung eingeschlagen hatte.

Aus dem rheinischen Euskirchen stammend war er mit 22 Jahren bereits Dr. phil. und begann ein Jahr später seine Tätigkeit als Journalist. Einigen Reisen nach Afrika und Asien folgte mit 27 Jahren die Anstellung als Redakteur der in Berlin erscheinenden Tageszeitung „Germania", wo er das Außenpolitikressort vertrat. Bei der Zeitung der katholischen Zentrumspartei und im Milieu des Diasporakatholizismus Berlins stieg er zu einem der meistbeachteten Publizisten auf. Bis in die Spitzen der Weimarer Republik genoss er das Vertrauen und stand Politikern wie den Reichskanzlern Joseph Wirth, Gustav Stresemann und Heinrich Brüning nahe. Nach dem Machtantritt der Nationalsozialisten übernahm er ab 1934 die Funktion des Chefredakteurs der „Germania" und versuchte, letztlich vergeblich, das katholische Profil des Blattes zu erhalten. Mit kleinen Auslandspressediensten hielt er sich bis zum Kriegsende über Wasser, allerdings zu weitgehender Bedeutungslosigkeit verurteilt.

Walter Hagemann
Journalist, Politiker, Wissenschaftler

Dies änderte sich mit dem Kriegsende, als er erneut journalistisch, aber auch politisch tätig wurde. Er gehörte zu den Gründern der CSU in München und war im Herbst 1945 erster deutscher Redakteur der Neuen Zeitung, dem Blatt der US-Militärregierung. Als Quereinsteiger ging er ein Jahr später nach Münster, wo er die Leitung des Zeitungswissenschaftlichen Instituts der Universität übernahm. Auf fachlichem Gebiet revolutionierte er die Zeitungswissenschaft, die er durch seine Aufmerksamkeit für den Film und eine Reihe von Standardwerken zur Publizistikwissenschaft erweiterte.

Politisch ging er, in Münster in die CDU gewechselt, auf Distanz zu einem anderen zeitweiligen Babelsberger Katholiken (1934 lebte Konrad Adenauer nach seiner Absetzung als Oberbürgermeister von Köln einige Zeit in der Pfarrei), der inzwischen Bundeskanzler war. Publizistisch und mit öffentlichen Auftritten widersprach Hagemann der Westorientierung der Bundesrepublik, deren Alleinvertretungsanspruch entsprechend der Hallstein-Doktrin. Er trat für Verhandlungen mit dem Osten über die Wiedervereinigung und ein neutrales Deutschland ein und befand sich damit in durchaus respektabler Gesellschaft. In der CDU isolierte er sich allerdings zunehmend. Die Gefahren der atomaren Rüstung ließen ihn im Rah-

Querdenker im Kalten Krieg

men der außerparlamentarischen Opposition aktiv werden. 1958 gehörte er zu den Erstunterzeichnern der Kampagne „Kampf dem Atomtod", die ihn u.a. mit Gustav Heinemann, Martin Niemöller und Heinrich Böll verband, auf der lokalen Ebene in Münster aber auch mit Ulrike Meinhof. In zahlreichen anderen ähnlichen Initiativen engagierte sich Hagemann und übernahm teilweise Führungspositionen. Um den befürchteten Atomkrieg zu verhindern und die Einheit Deutschlands zu erreichen, ging er in seinen Kontaktversuchen in Richtung Osten weiter als alle anderen Mitglieder der Oppositionsbewegung.

Während er sich des zunehmenden Unmuts Adenauers sicher sein konnte, wurde er für die SED-Führung interessant. Interviews in der Ostpresse, deren ideologischen Charakter er aus der Erfahrung mit der Presse im Dritten Reich kennen musste, folgte im Oktober 1958 ein Schritt, der seine wissenschaftliche Bedeutung wie sein gesamtes politisches Engagement vollständig diskreditierte. In einer Ansprache vor dem Nationalrat der Nationalen Front in Ostberlin, dem politischen Gleichschaltungsinstrument der SED zur Beherrschung der sogenannten Blockparteien und Massenorganisationen, legte Hagemann seine Position dar. Dass dies einen unerhörten Tabubruch darstellte, war ihm bewusst. Die SED schlachtete Hagemanns Auftritt propagandistisch aus und nutzte dafür die komplette Titelseite des Neuen Deutschlands vom 21. Oktober 1958. Seine Versuche, seinen Auftritt zu erklären und die Gemüter zu besänftigen, scheiterten. Das ehemalige Zentrumsmitglied wurde aus der CDU ausgeschlossen und die Staatsanwaltschaft ermittelte gegen ihn wegen der Unterstützung der verfassungsfeindlichen Westarbeit der SED. Von seinen früheren politischen Freunden in der Union setzte sich niemand für ihn ein. An der Universität Münster gab es zwar Proteste gegen seine Abberufung, die aber eher verhalten blieben. Zwar wurde das Verfahren wegen

Hinauswurf für Vernichtungshieb am falschen Objekt

Landesverrats nicht eröffnet, Adenauer wies allerdings seinen Staatssekretär Hans Globke an, dafür zu sorgen, dass Hagemann mundtot gemacht würde. Mit einer Mischung aus politischen und sehr persönlichen Vorwürfen strengte man im Frühjahr 1961 ein Strafverfahren gegen Hagemann an und nahm ihn kurzzeitig sogar in Untersuchungshaft.

Ohne Renommee, Professorentitel und Pension, mit der drohenden Verurteilung und der öffentlichen Kampagne gegen den Nestbeschmutzer und „Verräter an der Freiheit", wurde für Hagemann die Luft in der Bundesrepublik dünn. Über Prag setzte er sich in die DDR ab, wo er mit offenen Armen empfangen wurde. In Babelsberg, wo er Verwandte hatte, bekam er ein Häuschen und an der Humboldt-Universität eine Professur für „Imperialismus". Als Reaktion auf die „Bonner Hexenjagd" veranstaltete man einen Schauprozess, in dem Hagemann von allen Vorwürfen freigesprochen wurde. Das Urteil fiel am

11. August 1961. Dass Hagemann kaum anders konnte, als den zwei Tage später beginnenden Mauerbau als „friedenssichernde Maßnahme" zu loben, überrascht nicht. Allerdings war mit dieser Maßnahme auch Hagemann kaum noch von Wert für die Propaganda der angeblichen Friedens- und Einheitspolitik der DDR. Am 16. Mai 1964 verstarb er an einem Herzleiden, nach dem Empfang der Sakramente, wie das Totenregister der Pfarrei St. Antonius vermerkt, und wurde von Pfarrer Alois Wagner beerdigt. Wenn sein Engagement bei Katholiken in der DDR manches Kopfschütteln verursacht haben wird, muss man aber wohl dennoch davon ausgehen, dass Walter Hagemann seinen Weg vor allem in der konsequenten Befolgung seines Gewissens und mit dem Ziel, Unheil zu vermeiden, ging.

Walter Hagemanns Grabstein. Das Grab befindet sich auf dem Friedhof an der Goethestraße

Walter Hagemanns Leben und sein politischer Weg ist jüngst erforscht und umfangreich publiziert worden:

Thomas Wiedemann: *Walter Hagemann. Aufstieg und Fall eines politisch ambitionierten Journalisten und Publizistikwissenschaftlers* (Dissertation), Theorie und Geschichte der Kommunikationswissenschaft 12, Köln 2012, ISBN 978-3-86962-074-9, sowie
Thomas Wiedemann: *Rütteln an den Grundfesten der Adenauer-Republik, Der folgenschwere Dialog des Publizistikwissenschaftlers Walter Hagemann mit der SED*. In: Deutschland Archiv Online, 04.02.2013, Permalink: http://www.bpb.de/geschichte/zeitgeschichte/deutschland archiv/wiedemann 20130204

Bestattungskultur und Menschenwürde - Ein Blick auf die christlich-katholische Tradition und ihr Echo in der Praxis der Pfarrei St. Antonius Babelsberg

Im November besuchen Katholiken wie auch die Christen anderer Konfessionen die Gräber ihrer Angehörigen. Die feierliche Gräbersegnung in den Tagen um Allerseelen stellt den Tod lieber Angehöriger und die Trauer um sie in das Licht der Botschaft von der Auferstehung Jesu Christi. „Die Gläubigen bezeugen bei dieser Feier ihre Verbundenheit mit den Verstorbenen; ihr Tod erinnert sie an die Vergänglichkeit des eigenen Lebens; gemeinsam bekennen sie sich zur Hoffnung auf die Auferstehung." Mit diesen Worten führt das „Benediktionale", das liturgische Buch der katholischen Segensriten, in den Sinn der Gräbersegnung ein.[1] Zudem wird wegen der

---

[1] Benediktionale, Studienausgabe für die katholischen Bistümer des internationalen deutschen Sprachgebietes, St. Benno-Verlag, Leipzig 1979, S. 72

häufigen Anwesenheit Hinterbliebener, deren kirchliche Bindung nachgelassen hat oder die nie zur Kirche gehört haben, der Zeugnis- und Verkündigungscharakter hervorgehoben.

Die würdige Bestattung der Verstorbenen und die Sorge um die Gräber der Angehörigen gehört in fast allen Kulturen zu den wesentlichen Ausdrucksformen der Humanität und der Zusammengehörigkeit der Menschheitsfamilie über den Tod hinaus. Der Philosoph Robert Spaemann weist mit Sorge auf den eingetretenen Wandel in der Bestattungskultur hin. Konnte im antiken Griechenland niemand ein öffentliches Amt übertragen bekommen, dessen Familiengräber nicht gepflegt und damit Ausdruck eines würdigen Umgangs mit dem Menschen über den Tod hinaus waren, sei heute ein raumgreifender Trend zur „pflegefreien" Bestattung zu verzeichnen, der der Würde des Menschen nicht entspreche. „Wer sind wir, wenn wir den Umgang mit unseren Toten auf das Niveau von Müllentsorgung herabdrücken?", fragt Spaemann, sicher nicht ohne Schärfe.[2]

Bestattung und Grabpflege: ein Werk der Barmherzigkeit

Die Bestattung der Toten zählt seit jeher zu den leiblichen Werken der Barmherzigkeit, bezugnehmend auf das Buch Tobit aus dem Alten Testament (Tobit 1,17-20). Einem Verstorbenen die Bestattung zu Verweigern bedeu-

---

[2] Benjamin Leven: „Wir sind dabei, das Band zwischen Lebenden und Toten zu durchschneiden" - Ein Gespräch mit Robert Spaemann über Sterben, Tod und Bestattung, in: Gottesdienst 14-15, Information und Handreichung der Liturgischen Institute Deutschlands, Österreichs und der Schweiz, 47. Jahrg., Herder, Freiburg etc., 15. Juli 2013, S. 113

tete, ihn aus der menschlichen Gemeinschaft auch über das Lebensende hinaus auszustoßen. Bei Hingerichteten galt die Nichtbestattung im Altertum als Verschärfung der Todesstrafe. In der jüdischen und im Anschluß daran in der christlichen Kultur wurde die Sorge um die Gräber zu einem wichtigen Ausdruck des Glaubens. Der Mensch als Einheit von Leib und Seele hat seine Würde von Gott, dessen Ebenbild er ist. Den Leib nach dem Tod des Menschen mit Ehrfurcht zu behandeln und den Ort, an dem er beigesetzt ist in Ehren zu halten, für den Toten zu beten und durch religiöse Zeichen auf die Auferstehungshoffnung hinzuweisen, drückte und drückt die weitere Zugehörigkeit des Verstorbenen zur Menschen- und Glaubensgemeinschaft aus. Wer die Gräber seiner Angehörigen oder auch völlig fremder Menschen pflegt und mit Anstand und Würde behandelt, gibt nicht nur Zeugnis von der Würde des Toten, sondern auch von der Würde der Lebenden. „Man sagt, eine Gesellschaft erkennt man daran, wie sie mit ihren Toten umgeht, wie sie sie bestattet", sagt nicht nur Ulrich Keller, Fachreferent für Trauerpastoral im Erzbistum München.[3] Das heißt auch, daß der Umgang mit den Verstorbenen etwas über den Umgang mit den Lebenden aussagt. Wenn Zuwendung, praktizierte Nächstenliebe, zur Humanität einer Gesellschaft und insbesondere zum christlichen Glauben gehören, dann kann die Vereinfachung der Bestattungskultur kein Wert an sich sein, dann leistet der, der seinen Angehörigen „den Aufwand der Grabpflege ersparen möchte", diesen nur scheinbar einen Dienst. Der 86-jährige Philosoph Robert Spaemann schreibt hierzu: „Ich bin ein alter Mann und ich werde bald sterben. Ich will meinen Kindern nicht ersparen, sich um das Grab zu kümmern, weil ich ihnen damit etwas wegnehmen würde. Viele Menschen denken,

---

[3] Menschen brauchen Orte, Interview mit Ulrich Keller in: Don Bosco Magazin, Heft 3/2011

dass sie besonders selbstlos handeln, wenn sie ihren Angehörigen diese Sorge ersparen. Aber elementare Akte der Humanität darf man anderen nicht ersparen, sondern man muß sie ihnen ermöglichen."[4] Die pädagogischen Programme der Kriegsgräberfürsorge oder an Gedenkstätten für die Opfer der NS-Diktatur illustrieren diesen Gedankengang. Hier geht es nicht allein um die Würdigung der Verstorbenen. Es geht auch um die Bildung einer humanen, von der Nächstenliebe getragenen Haltung bei den Lebenden und um die Weitergabe dieser Vorstellung von der Menschenwürde an die nächste Generation.

Bestattungstrends im Wandel der Zeit

Für Christen war im Anschluß an die jüdische Bestattungspraxis und nach dem Vorbild der Grablegung Jesu die Erdbestattung des Leichnams immer die Normalform des Umgangs mit den Verstorbenen. Zwar widerspricht eine Einäscherung des Leichnams keinem Dogma und auch nicht automatisch dem Glauben an die Auferstehung des Leibes, doch hat die Kirche, wo immer möglich, die Erdbestattung gefördert. Ausdrücklichen Verboten, etwa unter Karl dem Großen (784), standen Ausnahmen in Zeiten gefährlicher Epidemien gegenüber. Grundsätzlich aber wurde daran festgehalten, den Leib, der von Gott geschenkt ist, nicht gewaltsam durch Feuer zu vernichten, sondern durch die Bestattung gewissermaßen in die Hand Gottes zurückzulegen. Je nach regionaler Sitte fiel die Gestaltung der Gräber unterschiedlich aus. Alte kirchliche Riten und die sich seit der cluniazensischen Klosterreform um 1000 n. Chr. gesamtkirchlich ausbreitende Tradition des Totengedenkens am Allerseelentag bezeugen das Bewußtsein der Zusammengehörigkeit der Lebenden und

---

[4] Benjamin Leven, a.a.O., S. 114

Toten in der Gemeinschaft der Heiligen und die Verantwortung der Lebenden für die Verstorbenen, denen die Zeit des Wartens auf die ewige Freude abgekürzt werden sollte.

Die Erdbestattung geriet erst am Ende des 18. und besonders im 19. Jahrhundert in die Kritik bestimmter Kreise. Im Zug der Französischen Revolution wurde die Leichenverbrennung im Kampf gegen den christlichen Auferstehungsglauben propagiert, allerdings mit wenig Resonanz. Das 1794 verkündete Preußische Landrecht brachte hygienische Aspekte ein. Es verbot die Bestattung der Toten in bewohnten Gebieten – die Friedhöfe wurden in der Folge aus den Städten und Dörfern verbannt, was man in ländlichen Gebieten Brandenburgs noch heute gut beobachten kann – und bereitete eine der Argumentationslinien für die Feuerbestattung vor. Wirkliche Verbreitung fand die Feuerbestattung allerdings erst ab der zweiten Hälfte des 19. Jahrhunderts. Die Entwicklung technisch ausgereifter Verbrennungsöfen und vor allem die antichristliche Propaganda freidenkerischer und freimaurerischer Vereinigungen führten zu einer allmählichen Zunahme der Feuerbestattungen. In Berlin ist der freireligiöse Friedhof an der Pappelallee in Prenzlauer Berg ein Relikt der damaligen Auseinandersetzungen. Die Katholische Kirche reagierte auf die Polemik der Feuerbestattungsvereine mit einem eindeutigen Verbot. Eine kirchliche Bestattung war bei Einäscherung des Leichnams nicht möglich. Dies galt bis in die zweite Hälfte des 20. Jahrhunderts. Das Verbot wurde schließlich gelockert bzw. aufgehoben, sofern die Einäscherung nicht mit einer Leugnung des Auferstehungsglaubens verbunden war. Die Evangelische Kirche hatte ihre Ablehnung der Feuerbestattung schon früher aufgegeben, allerdings lange Zeit die Empfehlung der Erdbestattung beibehalten.[5]

Eine Mischung aus (überholten) hygienischen Gründen, Kostenerwägungen und der Ablehnung des christlichen Auferstehungsglaubens (aus einem allerdings eher infantilen Verständnis desselben bei den Gegnern des Christentums) hat mit der Zeit zu einer weiten Verbreitung der Feuerbestattung geführt, heute oft auch noch mit der Beisetzung auf anonymen oder halbanonymen Gemeinschaftsgrabanlagen verbunden. Insbesondere diese Formen widersprechen der christlichen Tradition, lassen sie doch den Leib des Verstorbenen wie seinen Namen aus dem gemeinsamen Gedächtnis verschwinden. Das Bewußtsein, daß der Name jedes Menschen in Gottes Hand geschrieben ist, geht so verloren. Die Angehörigen werden einer Trauerstätte und eines Orts der bleibenden Verbundenheit beraubt. Die Mahnung an den Besucher des Grabes, sich der eigenen begrenzten Lebenszeit bewußt zu werden und sich auf das vor Gott Wesentliche zu konzentrieren, geht verloren. Sicher begünstigt die berufliche Flexibilität und Mobilität den Bedarf an leicht zu pflegenden Grabstätten, wo Angehörige weit entfernt vom Familiengrab leben. Den massiven Trend zu dieser Form der hygienischen Entsorgung der Verstorbenen kann dies jedoch nicht erklären. Schon vor zehn Jahren wurden im Osten Deutschlands etwa 90% der Toten eingeäschert und 57% in anonymen und Gemeinschaftsgrabstätten beigesetzt.[6] In traditionell katholischen Gegenden und bei Mitgliedern katholischer Gemeinden liegt der Anteil deutlich darunter, steigt aber auch an. Wer anonyme Grabfelder

---

[5] Leichenverbrennung in: LthK[2], Bd. 6, S. 915, Herder, Freiburg 1961

[6] Jens Kratzig: „Brauchen Tote Namen? Tote brauchen Namen!" in: Ewig- Forum für Gedenkkultur Nr. 4, München 2007, ISSN 1861-7131, S. 70f

besucht, an denen dies zugelassen wird, entdeckt häufig, daß Angehörige am vermutlichen Ort der Beisetzung Blumen oder Steckvasen hinterlassen. Oft ist in Gesprächen auch der Wunsch nach dieser Bestattungsform zu hören, um „niemandem zur Last zu fallen". Nicht selten wird dann ergänzt, daß dies nicht dem Wunsch der Angehörigen entspricht. Offensichtlich fallen hier eine falsche Rücksichtnahme auf die nächste Generation und die Bedürfnisse dieser Generation, als Hinterbliebene einen Ort zum Trauern und zur bleibenden Begegnung zu haben, auseinander. Kein Argument sollte die Furcht vor einer ungepflegten Grabstelle sein. Neben einer unkrauthemmenden Bepflanzung wäre hier auch denkbar, sich bewußt zu machen, daß den Verstorbenen der Pflegemangel kaum stören dürfte und der Mahncharakter sich sogar noch verstärkt. Aus Sicht der katholischen Kirche ist darauf hinzuweisen, daß katholischen Geistlichen die anonyme Bestattung grundsätzlich untersagt ist, weil sie dem christlichen Verständnis der über den Tod reichenden Verbindung aller Menschen in Gott widerspricht.

Begräbniskultur in Babelsberg

In einem kurz vor dem Abschluß stehenden Jugendgeschichtsprojekt, gefördert vom Programm „Zeitensprünge", haben sich im Spätsommer und Herbst 2013 Jugendliche aus der Pfarrei St. Antonius mit dem Leben der katholischen Christen in Babelsberg in der Zeit der DDR beschäftigt. Neben Zeitzeugeninterviews wurden insbesondere die Gräber verstorbener Gemeindeglieder und das Sterberegister der Pfarrei als Quelle herangezogen. Dabei lassen sich einige Rückschlüsse auf die Bestattungspraxis unter Katholiken in einer Gesellschaft ziehen, die sich der bewußten Förderung einer atheistischen Weltanschauung verschrieben hatte.

Die Pfarrei St. Antonius verfügte nie über einen eigenen katholischen Friedhof. Für Katholiken standen die öffentlichen Friedhöfe im Gemeindegebiet zur Verfügung. Eine Bestattung von Katholiken auf dem evangelischen Friedhof kam zunächst nicht in Frage. Seit Beginn der DDR-Zeit wurden die weitaus meisten Katholiken laut Totenbuch auf dem Friedhof an der Goethestraße beigesetzt. In den 1950er Jahren waren dies 60% der insgesamt 265 Beerdigungen (zu denen vermutlich weitere 11% zu zählen sind, bei denen nur „Friedhof Babelsberg" eingetragen wurde). Auf dem Friedhof an der Großbeerenstraße (damals Ernst-Thälmann-Straße) wurden 11% der registrierten verstorbenen Katholiken beerdigt. Urnenbeisetzungen kamen in dieser Zeit schon aus kirchenrechtlichen Gründen nicht in Frage. In den 1960er Jahren bleibt das Bild inetwa das gleiche. Von 223 eingetragenen Verstorbenen wurden 63% an der Goethestraße beigesetzt, 11,6 % an der Großbeerenstraße. Neben vereinzelten Beisetzungen von Katholiken auf dem evangelischen

Tabelle: Verteilung der Begräbnisse auf die Friedhöfe

Jahrzehnt	Gesamt	FH Goethestraße	FH Wichgrafstraße	FH Großbeerenstraße	Andere FH
1950er	265	160	2	30	73
1960er	223	141	6	26	50
1970er	230	124	9	39	58
1980er	200	57	46	15	82
1990er	150	39	25	14	72
2000er	116	31	21	5	59

Friedhof an der Wichgrafstraße (2,6%) wurde auch in Drewitz und Güterfelde beerdigt. Nur selten kamen Beerdigungen außerhalb des Territoriums der Pfarrei vor.

In den 1970er Jahren ist wenig Veränderung im Bild der Bestattungen zu verzeichnen. Von 230 Verstorbenen wurden fast 54% an der Goethestraße beerdigt, die Beisetzungszahl an der Großbeerenstraße stieg auf knapp 17%, die in der Wichgrafstraße auf fast 4%. Beerdigungen von Katholiken auf dem evangelischen Friedhof blieben in dieser Zeit noch die Ausnahme und betrafen nur

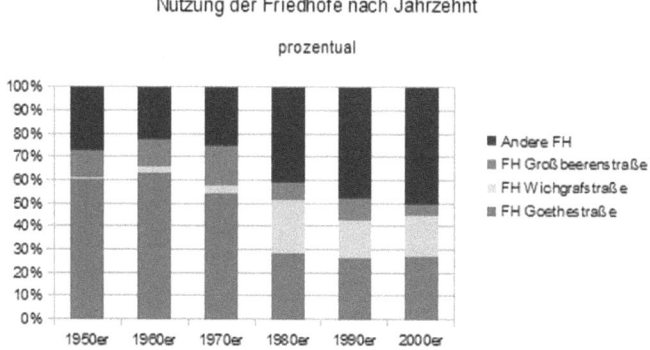

Verstorbene aus gemsichtkonfessionellen Familien, die in den Familiengräbern ihrer evangelischen Angehörigen beigesetzt wurden. Das änderte sich im letzten Jahrzehnt des DDR-Regimes deutlich, wozu eine Veränderung in der Belegungspolitik bei den städtischen Friedhöfen beitrug. Zwischen 1980 und 1989 finden sich 200 Einträge im Totenbuch von St. Antonius. Von diesen wurden nur noch 28,5% an der Goethestraße und 7,5% an der Großbeerenstraße beigesetzt.

Zwei Faktoren trugen dazu bei. Einerseits wurde ab 1981 der Friedhof der evangelischen Friedrichskirchgemeinde an der Wichgrafstraße für die Bestattung von Katholiken geöffnet. Ob dies aufgrund einer Vereinbarung mit der katholischen Gemeinde geschah, oder Ergebnis

Beerdigungszahlen und Verteilung auf die Friedhöfe

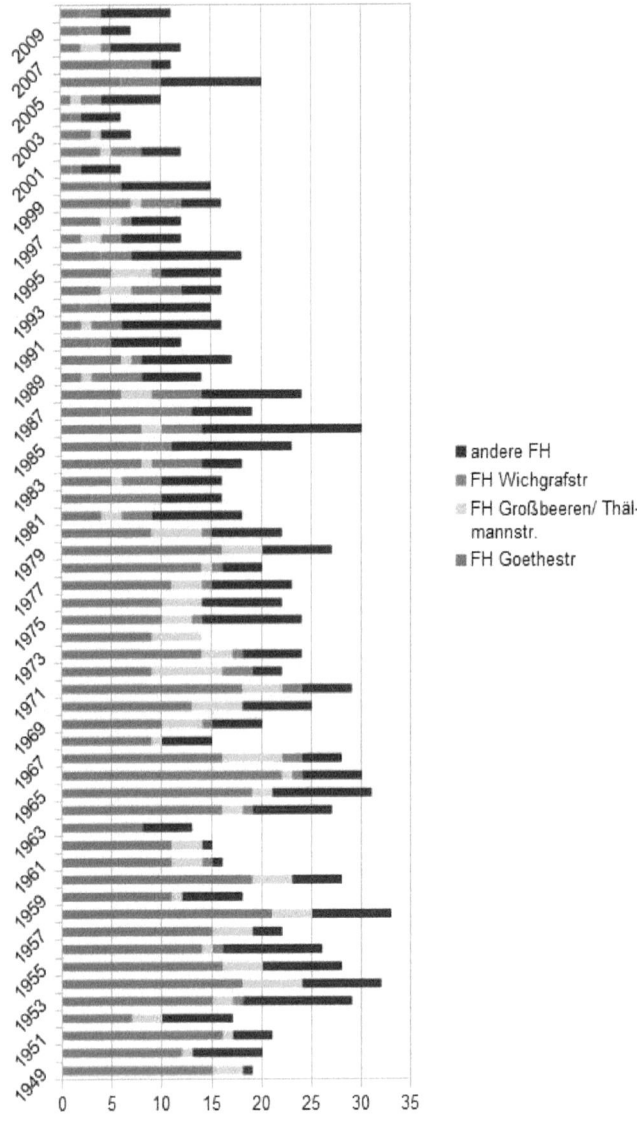

einer grundsätzlichen Öffnung des Friedhofs für Nichtprotestanten war, konnte im Rahmen des Projekts bisher nicht festgestellt werden. Der zweite Grund für das veränderte Beerdigungsverhalten unter den Babelsberger Katholiken war die geänderte Praxis der Friedhofsverwaltung in der Vergabe von Stellen für die Erdbestattung. Konnten in bestehenden Grabstellen weiterhin Erdbestattungen vorgenommen werden, wurden neue Grabfelder nur noch für Urnenbestattungen angelegt. Katholiken, die weitgehend Wert auf die Erdbestattung legten, hatten daher keine Möglichkeit, eine Grabstelle auf den Friedhöfen an der Goethe- und Großbeerenstraße zu bekommen. Neben dem nun zugänglichen evangelischen Friedhof ist in dieser Zeit eine große Zahl von Beisetzungen auf dem Neuen Friedhof in Potsdam zu verzeichnen, wo weiterhin Stellen für die Erdbestattung verfügbar waren. Am stärksten wirkte sich dieser Trend in den Jahren 1985/86 aus, als fast die Hälfte der verstorbenen Gemeindeglieder außerhalb des Pfarrgebiets beerdigt wurden. Gleichzeitig führte der Druck, den die Friedhofsverwaltung durch ihre Vergabepraxis erzeugte, zu einer Zunahme der bis dahin kaum vorkommenden Urnenbegräbnisse.

In den nächsten zehn Jahren war die Pfarrei St. Antonius bereits – nach dem Mauerfall – durch eine starke Veränderung ihrer Zusammensetzung geprägt. Alteingesessene Gemeindeglieder zogen aus der Pfarrei weg, junge Familien aus verschiedenen Gegenden zogen zu. Während die Gemeinde zahlenmäßig wuchs, stieg zugleich die Zahl Älterer, die aus ihren bisherigen Wohnungen in altersgerechte oder Pflegeeinrichtungen zogen, oft auch außerhalb der Pfarrei. Die im Totenregister der Pfarrei verzeichneten Sterbefälle gingen in diesem Jahrzehnt auf 150 zurück. Nur noch 26% der zwischen 1990 und 1999 Verstorben fanden an der Goethestraße ihre letzte Ruhestätte, 9,3% an der Großbeerenstraße. Genau ein Sechstel der Beerdigungen nahm der evangelische Friedhof auf, fast die Hälfte der Beisetzungen verteilt sich auf die anderen Grabplätze in der Pfarrei und in der Umgebung, vereinzelt auch weiter entfernt. Einen auffallenden Anstieg auf 12% erfahren Beerdigungen, bei denen der Verstorbene nicht in der Pfarrei starb. Oft sind dies Gemeindeglieder, die viele Jahre zur Gemeinde gehörten und ihren letzten Lebensabschnitt in einem Heim oder bei Angehörigen an anderen Orten verbrachten, wie der eingetragene Sterbeort belegt. Dieser Trend setzte sich in den Jahren bis 2010 fort. In diesen 12 Jahren hatte sich die Zusammensetzung der Pfarrei soweit verändert, daß bei stark gestiegener Gläubigenzahl nur 117 Todesfälle registriert wurden, von denen 28% (33 Personen) außerhalb der Pfarrei verstarben. Die Zahl der Urnenbegräbnisse nahm weiter zu, ist allerdings auf Grundlage der bisher erfaßten Daten nicht genau zu beziffern. Nicht auszuschließen ist auch, daß eine größere Zahl von älteren Gemeindegliedern verstorben ist, ohne daß der Pfarrei eine Mitteilung zuging. Im Einzelfall finden sich derartige Eintragungen aufgrund von Informationen aus der Gemeinde mit dem Vermerk: „ohne Pfarrer beigesetzt" oder „Kinder lehnen kirchliche Bestattung ab". Bei den kirchlichen Begräbnissen blieb es bei einer weiteren Streuung der Begräbnisorte. An der Goethestraße blieb der Schwerpunkt mit 26% der Beisetzungen, gefolgt von der Wichgrafstraße mit 18,8%. Der Friedhof an der Großbeerenstraße hatte mit 4% der Beerdigungen nur untergeordnete Bedeutung.

Erfreulich im Sinne der oben geschilderten Hintergründe eines christlichen Umgangs mit der Bestattung der Verstorbenen ist, daß nach wie vor der Großteil kirchlicher Bestattungen in Form von Erdbestattungen vorgenommen wird, wenn auch diese bisherige Selbstverständlichkeit in Gefahr ist, zu einer Randerscheinung zu verkommen und die Abnahme der Sargbestattungen stellenweise eine weitere Einschränkung der hierfür angebotenen Flächen nach sich zieht.

Verlust an Begräbniskultur

Über die Gestaltung der Gräber und den hier vermutlich zu erkennenden Wandel, eine der Ausgangsthesen des Jugendgeschichtsprojekts, konnte beim Gang über die Friedhöfe nur wenig in Erfahrung gebracht werden. Waren bei der Gräbersegnung im November 2012 etwa auf dem Friedhof an der Goethestraße noch eine große Zahl von Gräbern aus den 1960er bis 1980er Jahren aufgesucht worden – eine Erfahrung, die aus dem Kreis der Jugendlichen zur Initiative für das Geschichtsprojekt führte – sind im Lauf des Jahres 2013 großflächig Gräber abgeräumt und eingeebnet worden, deren Nutzungsrecht abgelaufen war. Dabei wurden nicht nur Bereiche beräumt, die in nächster Zeit neu belegt werden sollen, sondern systematisch alle nicht mehr durch Gebühren gesicherten Gräber.

fast vollständig beräumtes Grabfeld in der Goethestraße

Ohne Rücksicht auf eventuell wertvolle Grabdenkmäler, die zur Gestaltung eines Friedhofs als Trauerort und Lebensraum für Hinterbliebene beitragen, wurden regelrechte Kahlschläge erzeugt, in denen sich einzelne übriggebliebene Gräber verlieren. Dies gilt auch in Fällen, in denen die Standsicherheit der Grabsteine nicht gefährdet war.

Ein ähnliches Vorgehen, wenn auch behutsamer, ist in Teilen des Friedhofs an der Wichgrafstraße zu beobachten, wobei hier alte Einzel- und Familiengräber Platz für

Verlust des Jahres 2013: hier befand sich ein Jahr zuvor noch das repräsentative Grab des Busunternehmers Josef Schipka aus dem Jahr 1986

neue Gemeinschaftsanlagen machen mußten, besonders attraktive Grabsteine aber erhalten blieben. Neben einer schlichten runden Urnengemeinschaftsanlage findet sich hier nun eine pflegearme Beisetzungsmöglichkeit für Sargbestattungen. Statt individueller Grabsteine sind bei der Urnenanlage liegend Tafeln mit den Namen der Verstorbenen in den Boden eingelassen. Die Umfassungsmauer für die auch anonym angebotenen Erdbestattungen bietet Raum für kleine Bronzetafeln, die allerdings nicht das konkrete Einzelgrab bezeichnen. Immerhin ist in dieser Form der Name des Verstorbenen sichtbar. Im Vergleich zu individuell gestalteten Gräbern, seien sie akkurat gepflegt oder dem Lauf der Natur überlassen, stellen diese uniformen Grabanlagen jedoch eine deutliche Verarmung der Friedhofslandschaft und der Trauerkultur dar.

Thomas Marin

Auswertung der erhobenen Daten

Herkunft der Babelsberger Katholiken

Eines der Ziele des Projekts war, die regionale Herkunft der Katholiken, die während der Zeit der DDR in Babelsberg lebten, festzustellen. Die Erinnerung der Zeitzeugen war in diesem Bereich deutlich konkreter als bei der Berufstätigkeit der Verstorbenen. Das Totenregister der Pfarrei konnte hier ergänzend herangezogen werden, wobei die ausgewertete Stichprobe nicht erweitert wurde. Das heißt, es wurde nicht die Zahl der in den Kirchenbüchern verzeichneten Verstorbenen zugrunde gelegt, sondern die bei den Besuchen der Friedhöfe bereits erfassten Daten wurden nach den Totenregistern ergänzt, soweit Einträge in den Totenbüchern vorhanden waren. Der Stil der Kirchbuchführung wechselt mit den Jahren und der Handschrift des Eintragenden. Zeitabschnitte, während derer über Jahre akribisch die Geburtsorte der Verstorbenen verzeichnet wurden, wechseln mit solchen, in denen dies eher lax gehandhabt wurde. In der Zeit nach der Wiedervereinigung nimmt der Anteil der Verstorbenen ohne Angabe des Geburtsorts zu. Dies könnte u.a. daran liegen, dass die Anmeldung der Beerdigungen zunehmend über die Bestatter erfolgte und die Information der Pfarrämter, in denen zuvor die Erfassung der Kirchenbuchdaten in eigenen Formularen erfolgte, dadurch weniger einheitlich verlief. Dieser Punkt wurde aber nicht näher untersucht.

Im Gang über die Friedhöfe wurden insgesamt 121 Personen erfasst, die nach Auskunft der Zeitzeugen in der DDR-Zeit zur Pfarrei gehörten. Für Personen, die in den 1960er und 1970er Jahren verstarben, ist auf Grund der wenigen verbliebenen Gräber eine Auswertung der Daten nur wenig aussagekräftig. Für diesen Zeitraum waren auf den Friedhöfen die gravierendsten Verluste durch das Einebnen von Gräbern mit abgelaufenen Nutzungsrechten zu verzeichnen. Hier kam das Projekt ein Jahr zu spät und es konnten nur noch sechs Personen, die in den 1960er, und acht Personen, die in den 1970er Jahren verstarben aufgenommen werden. Katholiken, die ab 2010 verstarben, wurden in die Gesamtbetrachtung aufgenommen, bei der Auswertung nach Jahrzehnten aber nicht berücksichtigt.

Die Herkunft der Katholiken wurde in die folgenden Regionen eingeteilt, auf die sich die Gesamtzahl der erfassten wie folgt verteilte:

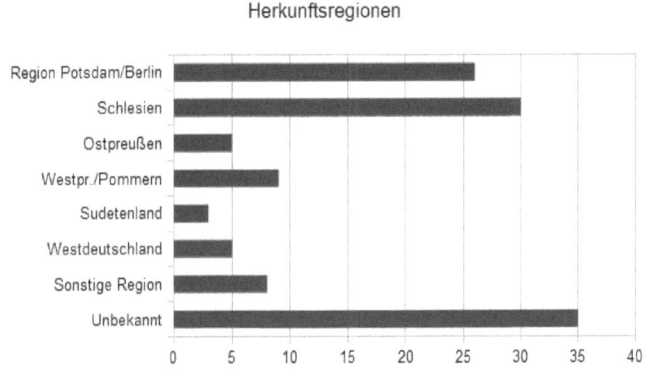

Lässt man die Personen mit unbekannter Herkunft außer Acht, zeigt sich die starke Prägung der Pfarrei während der DDR-Zeit durch Heimatvertriebene aus den deutschen Ostgebieten, denen 55% der erfassten Katholiken zuzurechnen sind. Die stärkste Gruppe sind die Schlesier, die 35% ausmachen. Im Vergleich zu anderen Pfarreien in den neuen Bundesländern ist allerdings auch der Anteil derer bedeutend, die in der Region geboren wurden, und zwar überwiegend vor dem Ende des Zweiten Weltkriegs und damit vor der Vertreibung der Ostdeutschen. Entstanden andernorts die katholischen Pfarreien überhaupt erst durch die Heimatvertriebenen, so liegt der Anteil der in der Region geborenen Gemeindeglieder in St. Antonius bei 30%. Von diesen ist wiederum der größte Teil in Potsdam oder Nowawes geboren, Berlin kommt als Geburtsort nur im Ausnahmefall vor.

Trotz der vergleichsweise kleinen Stichprobe zeigt der Vergleich der Herkunft nach Sterbejahrzehnt die starke Änderung der Zusammensetzung der Pfarrei nach dem Krieg. Liegt der Anteil der aus den Ostgebieten stammenden Verstorbenen in den 1980er Jahren bei 41%, steigt er in den 1990er Jahren auf 52% und im folgenden Jahrzehnt sogar auf 68%, jeweils unter Auslassung derer mit unbekannter Herkunft. Der Anteil Letzterer liegt dabei in den 1980ern bei 15%, in den beiden folgenden Dekaden bei je 35%. Die aus der Region stammenden Verstorbenen machen in den 1980er Jahren noch 45% der Personen mit bekannter Herkunft aus. Der Anteil sinkt in den Folgejahrzehnten auf 26% bzw. 20%.

Unter den Heimatvertriebenen ist der Schlesieranteil immer am größten. Eine detaillierte Unterscheidung ehemaligen Ostgebieten ist angesichts der geringen Gesamtzahlen nicht sinnvoll. Für die aktuelle und zukünftige Entwicklung der Pfarrei ist interessant, die extrem geringe Zahl an Gläubigen mit westdeutscher Herkunft festzustellen. Nur fünf Personen, deren Sterbejahre gleichmäßig über die Jahrzehnte verteilt liegen, hatten ihre Wurzeln im Rheinland oder in Westfalen. In der Kategorie „Sonstige Region" sind Personen aus Sachsen, Thüringen und Mecklenburg sowie ein Bayer zusammengefasst.

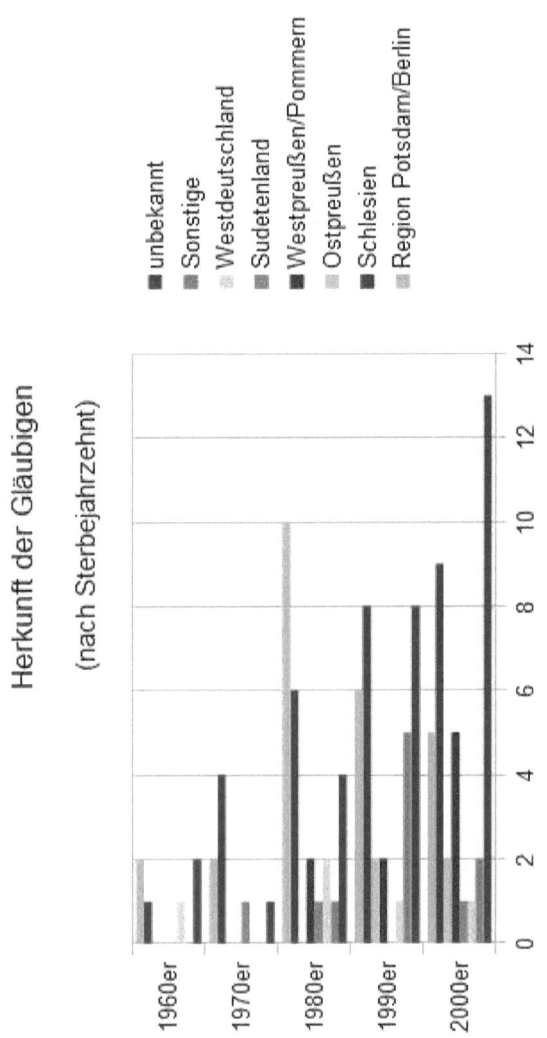

Eintrag im Totenregister

Der Eintrag in den Kirchenbüchern ist ein Indikator für die Kirchenbindung, wenngleich die Interpretation hier nicht zu weit gehen darf. Da nur Personen erfasst wurden, die den Zeitzeugen als katholisch in Erinnerung waren, kann man von einer im Durchschnitt hohen Kirchenbindung der Stichprobe ausgehen. Dennoch wurden nur bei 88 erfassten Personen Einträge im Totenregister gefunden, während 33 Personen nicht eingetragen waren. Dies kann verschiedene Gründe haben. Neben einzelnen Datenverlusten, die in einem ordentlich geführten Pfarrbüro – und hiervon ist in St. Antonius über den gesamten betrachteten Zeitraum auszugehen – äußerst selten sein dürften, sind Irrtümer und Verwechslungen auf Seiten der Zeitzeugen nicht auszuschließen. Mitunter stellte sich heraus, dass ein regelmäßiger Kirchgänger als evangelischer Ehepartner eines Katholiken in den Kirchenbüchern der evangelischen Gemeinde zu vermuten ist.

Bei einigen Gemeindegliedern ohne Eintrag ist zwar die kirchliche Praxis nachvollziehbar, in der nachfolgenden Generation lässt diese Praxis jedoch teilweise stark nach. Im Einzelfall findet sich der Vermerk, die Kinder wünschten keine kirchliche Beerdigung, selbst bei aktiven Kirchgängern. In Verbindung mit eventuellen Heimaufenthalten in der letzten Lebensphase kann es zur Veranlassung von nichtkirchlichen Beerdigungen durch die Heime gekommen sein, wenn bei der Aufnahme oder testamentarisch keine klaren Regelungen für das Begräbnis getroffen wurden.

Der Vergleich der aufgefundenen Gräber mit einem Eintrag im Totenregister zu den insgesamt in den untersuchten Jahrzehnten verstorbenen Gemeindegliedern, die laut Totenregister auf einem der untersuchten Friedhöfe beigesetzt wurden, zeigt Informationsverluste, die in Veränderungen in der Erinnerung der Zeitzeugen wie – vor allem für die 1980er Jahre – in aufgelösten Grabstätten begründet sein werden.

Anteil der erfassten Personen
mit Eintrag im Totenregister der Pfarrei

Jahrzehnt	Gesamt	Eintrag vorhanden	in %
1960er	6	4	66,67%
1970er	8	7	87,50%
1980er	26	24	92,31%
1990er	32	22	68,75%
2000er	38	29	76,32%

Anteil der aufgefundenen Gräber,
bezogen auf die im Jahrzehnt
laut Totenregister auf den untersuchten
Friedhöfen bestatteten Katholiken

Jahrzehnt	Beerdigt auf den untersuchten FH	Grab gefunden	In %
1960er	173	6	3,47%
1970er	172	8	4,65%
1980er	118	26	22,03%
1990er	78	32	41,03%
2000er	57	38	66,67%

Fast von selbst versteht sich, dass Personen, die den Zeitzeugen als aktive Katholiken in Erinnerung waren, mit 92% besonders häufig in den Totenregistern verzeichnet sind. Als aktive Katholiken wurden hier diejenigen gewertet, die mindestens regelmäßige Kirchgänger an den Sonntagen waren und im Erfassungsbogen bei der Intensität ihres kirchlichen Engagements mit 6 oder höher bewertet wurden. Die erfassten Personen, die in den 1980er starben, erreichen eine ähnliche Eintragsquoten. Hier darf angenommen werden, dass nur die aktivsten nach einer Zeit von 25 bis 30 Jahren noch in aktiver Erinnerung waren. Für die Vermutung, praktizierende Familien würden die Gräber ihrer Angehörigen länger erhalten und intensiver pflegen, sprechen einige Beobachtungen. Stichhaltig beweisen lässt sich dies mit diesem Projekt aber nicht.

Grabsymbolik als Glaubenszeugnis

Die Dokumentation der Grabsteine diente nicht nur der Sicherung der Lebensdaten. Mit dem Vergleich der verwendeten Symbole und Inschriften sollten zugleich eventuelle Veränderungen in der Bestattungs- und Trauerkultur sichtbar gemacht werden. Für den gesamten Zeitraum des Bestehens der DDR war dies durch den Verlust beinahe aller Grabsteine aus den 1950er bis 1970er Jahren und eines Teils der Grabsteine aus den 1980er Jahren nicht mehr möglich. Veränderungen ließen sich aber mit der politischen Wende, also dem Zerfall des ideologischen Systems, das von der offiziellen Doktrin abweichende Weltanschauungsmodelle mit Nachteilen belegte, im Vergleich zu den folgenden Jahrzehnten feststellen. Lag das Jahrzehnt von 1980 bis 1989 vollständig im ideologisch reglementierten Rahmen der DDR-Verhältnisse, entfielen alle weltanschaulichen Beschränkungen mit der Demokratisierung der bisherigen DDR. Für die Jahrzehnte von 1990 bis 1999 und von 2000 bis 2009 wäre also anzunehmen, dass das Bekenntnis derer, die über die Zeit der DDR zu Glaube und Kirche standen, sich nunmehr frei entfalten und sich auch in einer entsprechenden Grabsymbolik niederschlagen würde. Interessanterweise ist genau das Gegenteil zu beobachten. Während sich langsam der Trend zu Urnenbestattungen auch unter Katholiken verstärkt, wird die Grabsymbolik dezenter.

Grab des Organisten Johannes Hozak mit schlichtem Tatzenkreuz

Für die Unterscheidung der Grabsymbolik wurden vier Kategorien gebildet. Neben Gräbern ohne jede Grabsymbolik, auf denen lediglich Namen und Lebensdaten vermerkt sind, wurde eine zweite Kategorie für Gräber mit dezenter Symbolik vorgesehen. Ein religiöser Bezug ist hier nur angedeutet und problemlos auch säkular deutbar, etwa bei einer eingemeißelten Rose auf dem Grabstein. Die dritte Kategorie bildet den Standard christlicher Gräber. Hier ist im Normalfall ein Kreuz (ohne Corpus) in verschiedenen Ausführungen zu sehen. Die vierte Kategorie enthält Gräber mit ausdrücklich christlicher Symbolik, wie etwa dem Christusmonogramm, den griechischen Buchstaben Alpha und Omega oder einem Spruch, der die Auferstehungshoffnung oder die Beziehung zu Christus formuliert. In keinem einzigen Fall wurde die unter evangelischen Christen verbreitete Sitte vorgefunden, Bibelstellen auf dem Grabstein anzubringen (z.B. Ps 23,1). Dagegen nährte z.B. ein Grab auf dem Friedhof an der Wichgrafstraße aufgrund der mehrfachen Verwendung des Christusmonogramms auf jedem der drei Steine den Verdacht, es könne sich um Katholiken handeln. Der Blick ins Totenregister bestätigte die Vermutung. Ähnliche Wirkung hatte das „dona nobis pacem" auf dem weiter oben beschriebenen Grab Walter Hagemanns.

christliche Grabsymbolik

Jahrzehnt	keine	dezent, andeutend	klassisch (Kreuz)	ausdrückliche Glaubensaussage
1960er	0	1	2	3
1970er	1	2	3	2
1980er	0	1	16	9
1990er	1	7	20	4
2000er	10	5	17	6
Gesamt	12	16	58	24

Über den Gesamtzeitraum dominieren klassische und ausdrücklich christliche Grabsymbole bei nahezu 75% der Gräber. Von 1980 bis 2009 nimmt dieser Anteil jedoch deutlich ab. Sind in den 1980er Jahren 96% der aufgefundenen Grabstätten mit dieser Art der Grabgestaltung versehen, geht der Anteil in den 1990er Jahren auf 75 % zurück und beträgt in den 2000er Jahren nur noch 60%. Bei den hier nicht berücksichtigten Gräbern aus den Jahren nach 2009 setzt sich der Trend fort.

Christliche Grabsymbolik:
Christusmonogramm beim Grab Arthur Bachmann.
Der Grabstein des Küsters Krause und seiner Frau verbindet das
schlichte lateinische Kreuz mit dem R.I.P. (requiescat in pace)
und der Inschrift „Hier ruht in Gott"

Der hohe Anteil ausdrücklich christlicher Grabsymbole in den 1980er Jahren ist aufgrund der o.g. Informationsverluste sicher etwas zu relativieren. Dennoch zeigt sich eine deutliche Bekenntnisfreude der praktizierenden Katholiken, wenigstens in so subtilen Ausdrucksformen wie der Grabgestaltung.

Christliche Grabsymbolik modern: Richard Prasse sah bei diesem „Baum des Lebens" in der Kreuzblume das Kreuz Christi – aus der Sicht Gottes, also von oben.

Berufstätigkeit Babelsberger Katholiken in der DDR

Wie bereits oben geschildert, gaben die Erinnerungen der Zeitzeugen wie auch die Totenregister nur sehr bruchstückhafte und teilweise ungenaue Auskunft über die Berufstätigkeit der ehemaligen Gemeindeglieder, deren Gräber aufgesucht werden konnten. Die Betrachtung eventuell feststellbarer Auswirkungen christlichen Bekenntnisses auf die Wahl und Ausübung eines Berufs war allerdings einer der wesentlichen Punkte bei der Ausarbeitung der Projektidee. Im Hintergrund stand die These, dass heute, unter den Bedingungen einer offenen Gesellschaft, von Katholiken selbstverständlich ausgeübte Berufe in einer ideologisch gesteuerten Diktatur, wie sie die DDR war, nicht weltanschaulich neutral zu sehen waren. Zu belegen war die aus dem Erfahrungswissen der Zeitzeugen abzuleitende Beschränkung praktizierender Katholiken auf berufliche Bereiche, die keine besondere Nähe zum ideologischen System der SED als führender Partei in der DDR erforderten.

Zu diesen staatsnahen Tätigkeiten gehörten nicht nur Funktionen in der Partei selbst oder den sozialistischen Massenorganisationen, in Polizei und Militär sowie in leitenden Positionen staatlicher Behörden. Auch Juristen und Lehrer – heute selbstverständliche berufliche Optionen für Katholiken – gehörten zu den Berufsgruppen, von denen regelmäßig ein höheres Maß an Zugeständnissen dem Staat gegenüber gefordert wurde. Schon aus Gründen der inhaltlichen Ausprägung der Fachgebiete waren viele Geisteswissenschaften für Katholiken uninteressant und zudem perspektivlos.

Um die vermutete berufliche Orientierung belegen zu können, wurden die Taufbücher der Pfarrei herangezogen und hinsichtlich der Tätigkeit der (katholischen) Elternteile ausgewertet. Dabei wurde die Tätigkeit im Jahr der ersten Taufe eines Kindes der jeweiligen Eltern festgehalten. Ein Wechsel der Berufstätigkeit kam nur im Ausnahmefall vor und wurde nicht berücksichtigt, mit Ausnahme einer Studentin, die bei der Taufe des zweiten Kindes Ärztin war. Insgesamt wurden auf diese Weise 479 Personen erfasst. Entgegen der Planung war dabei eine eigenständige Mitarbeit Jugendlicher aus Gründen des Persönlichkeitsschutzes nicht möglich, da in den Taufbüchern auch Angaben zu Kirchenaustritten, Eheschließungen und Nichtigkeitserklärungen nach kirchlichen Eheverfahren dokumentiert werden.

Für die statistische Auswertung waren die 1950er Jahre relativ unergiebig. Für diese Zeit ist festzustellen, dass ein Großteil der Ehen, in die die Neugetauften geboren wurden, gemischtkonfessionell waren. In beinahe allen Fällen war der Vater des Kindes evangelisch, die Mutter katholisch. Berufstätigkeiten wurden in diesem Jahrzehnt häufig, wenn auch scheinbar nicht mit letzter Konsequenz eingetragen. Bei den Müttern wurde i.d.R. kein Beruf angegeben. Ein Grund dafür könnte sein, dass die Mütter zum Zeitpunkt der Geburt ihrer Kinder als Hausfrau und Mutter angesehen wurden und dies in dieser Zeit wohl oft auch waren. Der Blick auf die oben dargestellte Herkunft eines bedeutenden Teils der Babelsberger Katholiken lässt aber auch vermuten, dass ein großer Teil der jungen Frauen durch Krieg und Vertreibung und die häufig prekären wirtschaftlichen Verhältnisse der Heimatvertriebenen bis in die 1950er Jahre hinein keine Möglichkeit zu einer Berufsausbildung hatten.

Aus Gründen der zeitlichen Steuerung des Projekts musste die vollständige Erfassung aller Personen abgebrochen und auf die katholischen Elternteile mit Berufseintrag beschränkt werden. Für die Jahre 1960 bis 1964 und damit für das ganze Jahrzehnt ist die Auswertung daher nur bedingt aussagekräftig. An Mitte der 1960er Jahre nimmt der Anteil der Frauen mit Berufsangabe stark zu. Ab Ende dieser Dekade kommen Einträge ohne Berufstätigkeit faktisch nicht mehr vor.

Für die Auswertung wurde die Berufstätigkeit der erfassten Personen in Kategorien eingeteilt, wobei es zu Unschärfen in der Unterscheidung zwischen Arbeitern und Angestellten sowie zwischen Arbeitern und Handwerkern kommen kann. Als Angestellte wurden Personen mit typischen Büroberufen wie Sekretärin, Buchhalter oder Sachbearbeiter kategorisiert. Im Einzelfall wurde auch ein Ökonom hier zugeordnet. Die Kategorie der Angestellten richtet sich also nicht nach dem Grad der Ausbildung. Ähnlich wurde bei den medizinischen und den naturwissenschaftlich-technischen Berufen verfahren. Bei ersteren wurde nicht zwischen Ärzten und Krankenschwestern bzw. –pflegern unterschieden. Von den 55 insgesamt dieser Kategorie zugewiesenen Personen waren 13 Ärztinnen und Ärzte, außerdem eine Apothekerin. Zu den Ingenieuren und Naturwissenschaftlern wurden auch zwei Techniker gezählt sowie zwei Ingenierökonomen. Von 62 Personen in dieser Kategorie sind allein 43 als Ingenieure verschiedener Fachrichtungen bezeichnet.

Wie erwartet kommen Berufe mit einer besonderen Nähe zum sozialistischen Staat und seinen ideologischen Anhangsorganen unter den Katholiken praktisch nicht vor. Polizisten und Militärangehörige sind selbst als nichtkatholische Elternteile und Ehepartner katholischer Frauen eine seltene Ausnahme. Dennoch ist das Durchsetzungsvermögen zweier Frauen erstaunlich, die noch in den 1980er Jahren die katholische Taufe der Kinder gegenüber ihren Männern, die NVA-Offiziere waren, durchsetzten. In den 1960er Jahren wurde das Kind eines Zöllnerehepaares getauft, dessen Dienstgrad aber nicht vermerkt wurde. Ebenfalls als nichtkatholischer Elternteil ist auch der einzige Jurist vermerkt, der sich im Taufbuch von St. Antonius in einer Zeitspanne von 40 Jahren findet. Die wenigen Geisteswissenschaftler in der Pfarrei waren in Fachgebieten wie den Sprach- oder Bibliothekswissenschaften tätig, die nicht im unmittelbar staatsnahen Bereich lagen. Für alle höher Qualifizierten, auch in den technischen und naturwissenschaftlichen Berufen, galt aber grundsätzlich, dass der Zugang zu Abitur und Studium als besondere Auszeichnung durch den Staat deklariert wurde. Entsprechende Gegenleistungen und Loyalität wurden daher prinzipiell erwartet, je mehr, desto weiter jemand aufgestiegen war. Geschichten, wie in einem solchen Umfeld zwischen notwendiger Anpassung und Glaubenszeugnis agiert wurde, wären ein eigenes Zeitzeugenprojekt wert.

Für Katholiken, die die DDR-Zeit erlebt haben wenig überraschend, aber deshalb nicht weniger markant ist der hohe Anteil der Katholiken in medizinischen Berufen. Ab Mitte der 1960er Jahre steigt der Anteil dieser Gruppe auf ein überdurchschnittliches Maß an. Dabei ist beachtlich, dass die Taufbücher nicht nur die besonders aktiven Katholiken aufführen, sondern auch jene, die zwar ihre Kinder taufen ließen, im Leben der Pfarrgemeinde aber keine besonders aktive Rolle spielten. Eine Differenzierung, wie sie bei den verstorbenen Gemeindegliedern nach Intensität der kirchlichen Praxis versucht wurde, war bei dieser Auswertung nicht möglich. Die besonders ausgeprägte Neigung zu helfenden Berufen entsprechend dem christlichen Gebot der Nächstenliebe lässt sich jedoch ohne weiteres belegen.

Übersicht der Berufstätigkeit Babelsberger Katholiken
nach Jahrzehnten
(nach Einträgen im Taufbuch der Pfarrei
bei katholischen Eltern der Neugetauften)

Jahrzehnt	Arbeiter	Angestellte	Handwerker	med. Berufe
1950er	6	5	4	1
1960er	33	27	18	12
1970er	30	36	7	21
1980er	34	32	4	21
Gesamt	103	100	33	55

Jahrzehnt	künstler. Berufe	Geistes-Wissenschaftler	Lehrer	Ingenieure, Techniker, Naturwiss.
1950er	0	1	0	6
1960er	1	2	2	16
1970er	4	2	3	17
1980er	3	0	2	23
Gesamt	8	5	7	62

Verteilung der Berufstätigkeit Babelsberger Katholiken

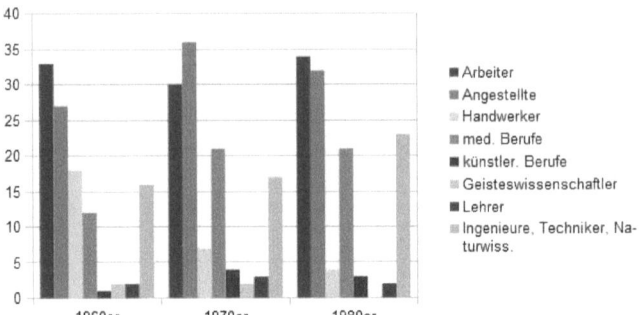

Berufliche Struktur der Pfarrei
in den hauptsächlichen Berufsgruppen

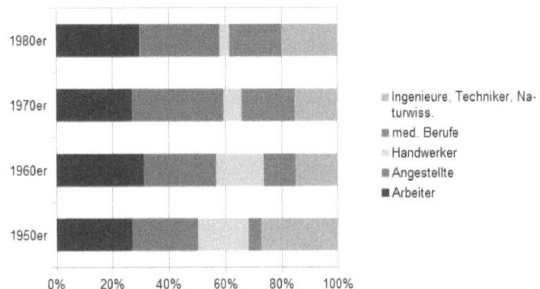

Abgesehen von der nichtrepräsentativen Aufteilung der Berufsgruppen in den 1950er Jahren zeigt die Darstellung, in der die zahlenmäßig konstant schwachen Berufsgruppen ausgelassen wurden, den Rückgang handwerklicher Berufe und die kontinuierliche Zunahme höherqualifizierter Tätigkeiten, vor allem im medizinischen und technisch-naturwissenschaftlichen Bereich. Vergleichsweise konstant bleibt der Anteil der Arbeiter und Angestellten und damit die soziale Durchmischung der Pfarrei.

Zunahme medizinischer und naturwissenschaftlich-technischer Berufe
(absolut)

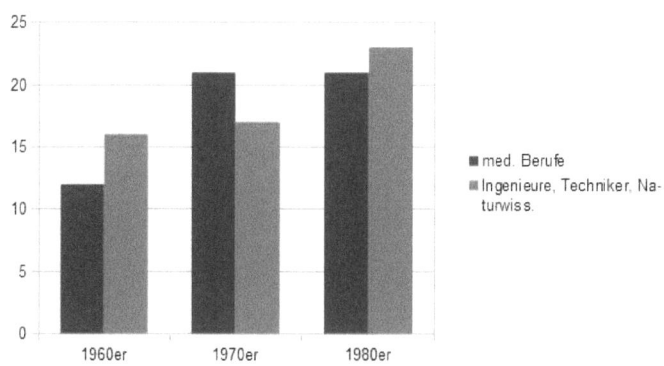

(prozentual)

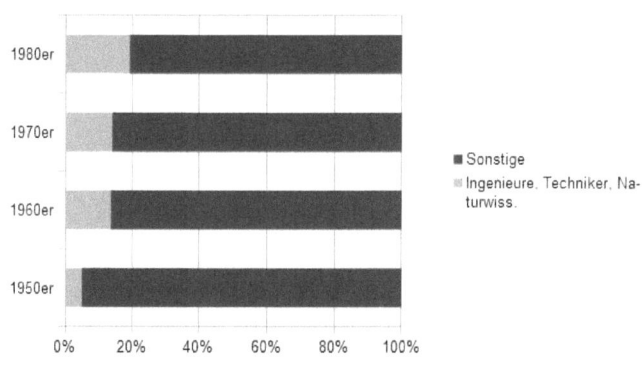

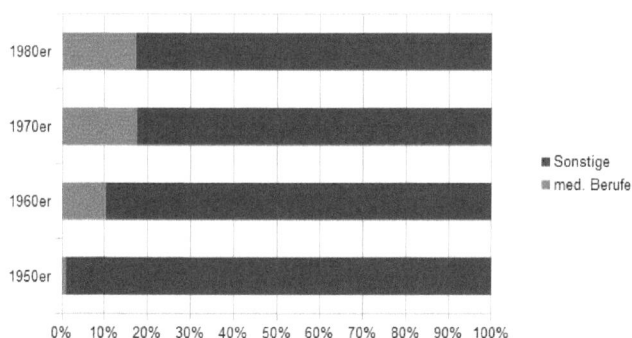

Projektteam und Zeitzeugen

Die nachfolgend aufgeführten Personen nahmen auf unterschiedliche Weise und Intensität am Projekt teil:

Andrea Kerber
André Kerber
Lukas Koallick
Johanna Marin
Lukas Marin
Thomas Marin (Diakon, Projektleitung)
Benedikt Meyer
Theodor Meyer
Maximilian Obst
Matthias Patzelt (Pfarrer)
Matthias Rüssel

So sah die Gruppe nur beim Auftakt aus, die Zusammensetzung wechselte…

Als Zeitzeugen standen zur Verfügung:

Karl-Heinz Daum
Barbara Dunke
Reinhard Heine
Gerhard Kaczmarek
Günther Klupsch
Dieter Kroll
Edeltraud Kroll
Rita Maria Helmdach
Jutta Winkelmann
Brigitte Wagner

sowie eine Reihe von Angehörigen der erfassten Gemeindeglieder, die detaillierte Auskunft gaben.

Bildnachweis

Projektteam (A. Kerber, L. Marin, Th. Marin, M. Rüssel):
S. 19, 23, 26, 54, 67, 68, 76, 78
Th. Marin: Cover, S. 22, 24, 86
Privat: S. 39 (E.-M. Salomon), 41, 42 (G. Kaczmarek), 48 (B. Ollmert)
Archiv St. Antonius/Andreas Statt: S. 43, 44, 45, 47
Privatarchiv Horst Hagemann: S. 50, 51, 53